北京市社会科学基金项目最终成果

# 近代北京英文学术刊物研究

顾钧 雷强 著

学苑出版社

# 图书在版编目（CIP）数据

近代北京英文学术刊物研究 / 顾钧，雷强著. —— 北京：学苑出版社，2021.12
　ISBN 978-7-5077-6334-8

　Ⅰ.①近… Ⅱ.①顾… ②雷… Ⅲ.①英语-学术期刊-研究-北京-近代 Ⅳ.① H31-55

中国版本图书馆 CIP 数据核字 (2021) 第 275490 号

| | |
|---|---|
| 责任编辑： | 杨　雷 |
| 出版发行： | 学苑出版社 |
| 社　　址： | 北京市丰台区南方庄 2 号院 1 号楼 |
| 邮政编码： | 100079 |
| 网　　址： | www.book001.com |
| 电子信箱： | xueyuanpress@163.com |
| 联系电话： | 010-67601101（销售部）　67603091（总编室） |
| 印 刷 厂： | 英格拉姆印刷(固安)有限公司 |
| 开本尺寸： | 787×1092　1/16 |
| 印　　张： | 18.25 |
| 字　　数： | 250 千字 |
| 版　　次： | 2021 年 12 月第 1 版 |
| 印　　次： | 2021 年 12 月第 1 次印刷 |
| 定　　价： | 68.00 元 |

# 目 录

导言 / 1

## 第一章 《中国社会及政治学报》/ 1

第一节 创办与经营情况 / 3

第二节 法学研究 / 11

第三节 政治学研究 / 35

第四节 经济学研究 / 47

第五节 社会学与教育心理学研究 / 59

第六节 汉学研究 / 69

《中国社会及政治学报》篇目 / 81

## 第二章 《辅仁英文学志》/ 133

第一节 创办与经营情况 / 135

第二节 中外关系史研究 / 143

第三节 中国建筑研究 / 157

《辅仁英文学志》篇目 / 163

## 第三章 《图书季刊》及其前身 / 169

第一节 《北平北海图书馆英文季刊》/ 173

第二节 《新增西文书目录》/ 179

第三节 《图书季刊》/ 185

《北平北海图书馆英文季刊》篇目 / 203

《新增西文书目录》篇目 / 205

《图书季刊》篇目 / 209

## 第四章 《燕京社会学界》/ 215

第一节 创办与经营情况 / 217

第二节 社会学研究 / 225

第三节 为葛兰言辩护 / 233

第四节 经济学研究 / 241

第五节 汉学研究 / 245

《燕京社会学界》篇目 / 255

**结语** / 267

**主要参考文献** / 275

**后记** / 281

# 导 言

近代以来北京一直是中国的学术中心和对外文化交流中心。辛亥革命后随着大批留学生回国和中外学术交往的深入，在北京出现了多种英文学术刊物。但到底有多少种，受历史和现实条件的限制，还无法精确统计。特别是有些刊物办刊时间短，印量有限，更增加了统计的难度。目前国内已有的成果主要是在中文期刊方面，无论是综合性的（如《解放后中文期刊目录》）还是专业性的（如《中国现代文学期刊目录汇编》），都为今后从事外文期刊的相关工作提供了重要参考。

到目前为止，国内外学界对这批北京英文学术刊物均未有系统研究，甚至连全面的介绍都付诸阙如。本书作为首次尝试，在全面梳理相关资料的基础上，将重点研究四份社会科学刊物：（1）中国政治学会主办的《中国社会及政治学报》（The Chinese Social and Political Science Review，1916—1941）、（2）辅仁大学主办的《辅仁英文学志》（Bulletin of the Catholic University of Peking，1926—1934）、（3）北京图书馆主办的《图书季刊》（Quarterly Bulletin of Chinese Bibliography，1934—1937）、（4）燕京大学主办的《燕京社会学界》（The Yenching Journal of Social Studies，1938—1950）。这些刊物不仅在中国学界享有盛誉，在国际学界也有广泛的影响。

作为对比，我们可以考察一下同一时期中文刊物的情况。在社会科学领域，民国时期先后出现了一批综合性的学术期刊，主要有北京大学《社会科学季刊》（1922年创办）、《武汉大学社会科学季刊》（1930年创办）、中央大学《社会科学丛刊》（1934年创办）、清华大学《社会科学》（1935年创办）。从起点看，本书所研究的《中国社会及政治学报》创办于1916年，早于北京大学《社会科学季刊》。《社会科学季刊》创刊于1922年，终刊于1943年，共出版8卷；清华大学《社会科学》创刊于1935年，终刊于1950年，共出版6卷；而《中国社会及政治学报》办刊时间前后25年，共出版24卷。所以无论是办刊时长，还是出版数量，后者均处于领先地位。所以就近代中国的学术发展和中外文化交流来说，这些英文刊物的重要性都不容置疑，对它们做全面深入的研究是本书的目标。

具体来说，本书主要从创办过程、历史发展、作者队伍、学术贡献和影响等四个方面切入，其中最后一个方面——学术贡献和影响，将是研究的重点。1905年科举废除、经学解体后，中国学术开始发生裂变，在这一过程中，西方学术的促进作用无疑是巨大的，这种作用最显著地体现在英文刊物之中，体现在中国学者用西方语言、西方理论方法所撰写的论文之中。以往中国学者的关注点主要在中文刊物，本书将通过对近代北京四种英文刊物的详细研究说明中国近代学术的转型，特别关注三个问题：一、新学科的兴起和发展；二、留学生学术队伍的出现和壮大；三、中外学术的碰撞与互动。毫无疑问，这些刊物是近代中国学术的重要组成部分，是中国学术近代化的最好见证。它们不仅具有不可磨灭的历史意义，对于当下中国学术的国际化也有相当可观的参考价值。

目前国内外学界对近代以来北京英文刊物的研究非常少，可资参考的前期成果非常有限。相比而言，关于在广州，特别是在上海出版的英文刊物的研究要丰富一些。

中国近代最早的英文刊物是《中国丛报》（The Chinese Repository），由近代首位来华美国传教士裨治文（Elijah C. Bridgman）于1832年5月在广州创办，停办于1851年12月，共20卷，232期。《中国丛报》在长达20年的时间里详细记录了第一次鸦片战争前后中国的政治、经济、文化、宗教和社会生活等诸多方面的内容，具有重要的文献价值。对此吴义雄等学者做过比较深入的研究。[1]

第一次鸦片战争后随着五口通商，上海逐渐发展为一个文化和出版中心。近代在上海出版的人文社科类刊物主要有皇家亚洲文会北中国支会（原上海文理学会）主办的《皇家亚洲文会北中国支会会报》（Journal of the North-China Branch of the Royal Asiatic Society, 1858—1948）；英国汉学家库寿龄（Samuel Couling）创办的《新中国评论》（New China Review, 1919—1922）；英国学者苏柯仁（A. C. Sowerby）和美国传教士福开森（J. C. Ferguson）创办的《中国科学美术杂志》（China Journal of Science and Arts, 1923—1941）；吴经熊、温源宁等主编的《天下》月刊（T'ien Hsia Monthly, 1935—1941）等。关于以上刊物，目前国内已经出版研究专著多部。[2] 这些成果为本书的写作提供了重要的参考。

从以上的介绍可以看出，近代以来英文刊物的创办是一个比较普遍的现象。本书集中研究近代北京的四份英文刊物，希望为今后研究北京其他英文刊物以及全国范围内的英文刊物提供参考。

---

[1] 吴义雄《在华英文报刊与近代早期的中西关系》，社会科学文献出版社2012年版。
[2] 王毅《皇家亚洲文会北中国支会研究》，上海书店出版社2005年版；王国强《〈中国评论〉（1872—1901）与西方汉学》，上海书店出版社2010年版；彭发胜《向西方诠释中国：〈天下月刊〉研究》，清华大学出版社2016年版。

本书力图在以下三个方面有所贡献：一、填补近代中国学术史研究的空白点。近代中国学术史是学界研究的热点，对著名的中文学术刊物如《国粹学报》《国学季刊》《学衡》等的研究均有专书和论文出版。但对于英文学术刊物的研究还有大量空白有待填补。近代北京的英文学术刊物是近代中国学术发展的重要载体，见证了中国传统学术，如哲学、史学的国际化，也见证了社会学、政治学、法学、图书馆学等新兴学科在中国的兴起和繁荣。近代北京曾拥有一批学术精良、英语熟练的优秀学者，但很多已经被学界淡忘，如刁敏谦、夏晋麟、崔书琴、赵承信、陈其田、陈芳芝、顾子刚等，本书力图揭示他们对近代中国学术发展的贡献。虽然一些著名学者的中文著作已为学界所熟知，但他们的英文论文却远非如此，如严复在《中国社会及政治学报》上发表过题为《中国古代政治团体小史》（A Historical Account of Ancient Political Societies in China）的论文，胡适在《图书季刊》上发表过评论朱起凤《辞通》的书评（The Tz'u-t'ung, A New Dictionary of Classical Polysyllabic Words and Phrases），这些都值得做深入的探讨。总之，通过研究这些英文刊物和其中的各类论文，将更好地展现近代中国学术的全貌。二、揭示近代以北京为中心的中外学术交流。这些英文刊物从开始创办就体现出了中外学术交流的态势。如《中国社会及政治学报》的发起人之一是美国驻华公使芮恩施（Paul S. Reinsch）；《图书季刊》的五人编辑委员会中有两个外国人：美国人翟孟生（R. D. Jameson）和德国人谢礼士（Ernst Schierlitz）。至于两个教会大学的刊物——《辅仁英文学志》《燕京社会学界》，在中外合作交流方面则表现得更为紧密。这些英文刊物的中方撰稿人大都有留学英美的背景，和国际学术界有广泛的联系。就外方撰稿人来说，他们则大都具有在北京进修、工作和长期居住的背景，前者如费正清（John K. Fairbank），他在北京访学期间发表了自己的学术处女作《1858年条约前鸦片贸易的合法化》（The Legalization of the Opium Trade before the Treaties of 1858，载《中国社会及政治学报》第17卷），后者如福开森（John C. Ferguson），他关于《水浒传》英译本的书评（All Men Are Brothers: A Review）发表在《图书季刊》第1卷第1期。此外，一些中国学人虽然不擅长英文，但他们的作品经由翻译出现在这些刊物上，使更多的外国学者得以了解，如陈垣的《摩尼教入中国考》的英译文（Manichaeism in China）刊登于《辅仁英文学志》第4期。在这些刊物的各类栏目中，最能体现中外学术交流的是书评，这一栏目追踪国际学术的最新发展，展示中外学者的对话和交锋，丁文江对法国汉学家葛兰言《中国文明》一书的犀利批评（Prof. Granet's La Civilization Chinoise，载《中国社会及政治学报》第15卷）是最好的例证之一。总之，通过对上述内容的研究，本书力图揭示近代以北京为中心的中外学术文化交流情况。三、为今天中国学术和中国文化走出去提供有益的借鉴。这些英文刊物虽然在北京出版，但具有世界影响，考虑到近代中国内忧外患的国内国际环境，做到这一点就更显得可贵。当今中国经过改革开放40多年的飞速发展，经济、军事实力已远非百年前所可比拟，但我们也必须清醒地看到，在经济和硬实力得到大幅度提升的同时，中国软实力的提升相对滞后。学术是软实力的重要表征，如何使中国学术尽快走向世界是当今中国学界的重要课题之一。这些近代英文学术刊物在三个方面可以提供有益的借鉴：一、如何直接用英文的学术话语来表述中国的政治、社会、历史和文化；二、如何将优秀的中文学术成果翻译成英文，扩大其学术影响力；三、如何创办英文刊物，使之真正具有学术话语权和国际影响力。本书虽然属于历史研究和基础研究，但也会关注现实问题，兼顾研究的实用性，力图为今天中国学术和中国文化走出去提供有益的借鉴。

最后想指出的是，这些刊物不仅内容丰富（如仅《中国社会及政治学报》就有24卷之多），而且学科众多（涉及社会学、政治学、图书馆学、哲学、史学等），对于笔者的知识储备和学术视野是一个重大的挑战。无论是宏观把握，还是微观分析，本书都尽量做到详细、周密，不犯知识性错误。但仍可能存有纰漏，请大家指正。

# 第一章
## 《中国社会及政治学报》

# THE CHINESE SOCIAL AND POLITICAL SCIENCE REVIEW.

Vol. I.    APRIL, 1916.    No. 1

## CONTENTS.

| | Page. |
|---|---|
| Editorial Notes | |
| The Chinese Political Science Association ............By Paul S. Reinsch ... | 12 |
| The Organization of Waichiao Pu ............By Yü Chüan Chang | 21 |
| The Legitimate Bounds of Most-favored-nation Treatment in China ............By Kuo Yün-Kuan | 40 |
| The Chinese District Magistrate. By L. K. Tao | 56 |
| The Administration of Chinese Government Railways ......By Ching-Chun Wang | 68 |
| The Nature and Functions of a Budget ............By W. F. Willoughby | 86 |
| The Reform of Land Tax in China ............By Ung Yuen Hsü | 102 |
| News and Notes | 111 |
| Opium Suppression | 118 |
| Book Review | 128 |
| Constitution, Officers and List of Members | 135 |

Published Quarterly by The Chinese Social and Political Science Association, Peking, China.

# 第一节 创办与经营情况

## 一、学会的创办

《中国社会及政治学报》（以下简称《学报》）是中国政治学会（以下简称学会）的会刊。在讨论刊物之前，首先对该学会做一个介绍。

《学报》第1卷第1期（1916年4月）的首篇文章《学会的缘起》（The Origin of the Association），有助于我们了解学会的基本情况。

学会建立的动议来自当时的美国驻华公使芮恩施，他提议仿效美国政治学会（American Political Science Association，1903年建立）成立一个中国政治学会，旨在研究国际法和外交。芮恩施将这一想法告诉了日后刊物的主编严鹤龄，严又向顾维钧咨询建立这个学会的必要性和可行性。在取得一致意见后，几位发起人决定召开筹备会议，讨论实施方案。由于顾维钧很快赴华盛顿担任中国驻美公使，学会的组织工作落在了严鹤龄一个人身上，严于是寻求伍朝枢（后担任学会秘书）的帮助和合作。伍朝枢全力支持建立学会的想法，做了大量的筹备工作。1915年9—11月，不少中外学者被邀请参与筹备，为制定学会章程建言献策，其中特别活跃的是美国政治学者韦罗贝（W. F. Willoughby，当时任北洋政府顾问），他对于学会成员的性质和构成提出意见，建议会员可以分为三类：创始会员（endowment members)、终身会员(life members)和普通会员(ordinary members)。这一建议被筹备委员会接受,最终被会员大会通过。

1915年12月5日,中国政治学会成立大会召开,地点在时任外交总长陆徵祥的官邸,65名成员参加。会议选举了学会的领导人。会长为陆徵祥,第一副会长为芮恩施,第二副会长为曹汝霖(时任外交部次长),秘书为伍朝枢,财务为章宗元,理事为严鹤龄、张煜全、林行规、王景春、周诒春、吴乃琛、胡诒穀、麻克类(J. W. R. MacLeay)、韦罗璧(W. W. Willoughby)等九人。

从以上名单不难看出,学会领导以外交界人士为主。当然不少人同时也是学者,可谓学者型的官员。此后学会定期改选,继陆徵祥之后担任会长的有顾维钧、颜惠庆、王正廷、胡适。

在成立大会上,陆徵祥发表了会长致辞,他首先指出建立学会的意义:"这是中国和各国交往以来建立的首个这一类的学会,学会的建立能够加强中国和外国的思想学术的交流,这个学会将标志着一个新的时代的到来。"他接着感谢了两位倡议人:芮恩施、顾维钧。随后他指出了学会的任务:"中国和其他国家一样,有法学、政治学、社会学、经济学、行政学等众多领域值得进行学术研究,在我们这个学会建立前还没有其他研究机构从事这样的工作。我们应该迅速弥补这一缺失,特别是目前正处于国际关系的一个转折时代——国际间的相互理解越来越多,也越来越重要。"[1]

在陆徵祥之后芮恩施发表讲话,论述了学会成立的重要性以及对于中国思想界的多重影响。他指出:"这个学会的成立预示着中国将通过继续不

---

[1] "Editorial Notes", *The Chinese Social and Political Science Review*, Vol. 1, No. 1, pp. 2-3. 下文简称 *The Chinese Social and Political Science Review* 为 *CSPSR*。

断的努力使全世界可以在科学方面获得有关中国的知识,全世界将听到中国的声音,了解中国的社会习俗,研究中国的实践经验。"[1]

正如陆徵祥和芮恩施所预期的那样,学会建立后影响迅速扩大,先后收编了几个小的研究会,其中一个比较主要的是国际法和外交研究会(成立于1912年,会长为张謇)。到1918年6月,学会会员已经超过200人。

## 二、《学报》的创办和主编

从学会建立之初,《学报》的创办就被提上了议事日程,为此学会领导多次召开会议,就刊物的语言、目标、范围和性质等展开讨论。最后确定学报的语言为英文,主要目标是一方面引进国外的学术思想,另一方面向外国读者介绍有关中国的信息和学术发展,而后者是重点。至于稿件的范围,则以法学、政治学、经济学、社会学为主。我们发现,这些原则在此后20多年的办刊过程中基本得到了执行。

《学报》从第一卷第一期(1916年4月)开始,到第24卷第四期(1941年3月)结束,前后25年,共24卷、93期。《学报》为季刊,正常情况下一年四期,但也有特殊情况,如1920年第五卷为了集中刊载有关巴黎和会山东问题的文件和论文,将第一、二期(1920年3月、6月)合并出版;第六卷因故只出了一、二期,没有三、四期。另外,1921年停刊一年,没有出版。

起初《学报》只有英文名,1931年第15卷至1938年第22卷上有胡适题写的中文刊名《中国社会及政治学报》。《学报》的发行不限于国内,而

---

[1] Paul S. Reinsch, "The Chinese Political Science Association", *CSPSR*, Vol 1, No. 1, pp. 19-20.

是从创刊之初就瞄准了海外市场，而且发行范围一直在拓展。如1937年第20卷上刊登的各地授权代理商分别为：北平法文书店、上海别发洋行（另有新加坡办事处）、东京丸善株式会社（另有大阪、京都、札幌办事处）、纽约代理处。而到了1941年第24卷出版时，除了北平、上海、东京、纽约的代理商之外，又增加了伦敦、巴黎和莱比锡几处。《学报》的价格为国内订户年费4元、单册1.2元；国外订户年费两美元、单册0.6美元。

《学报》栏目分为论文、消息与札记（News and Notes，后来改为 Notes and Suggestions）、书评。值得一提的是，《学报》上不少文章都是在学会会议上的演讲稿。学会成立后，除了每年召开全体会员大会外，还经常举行小型的联谊会（smoker），在这些会议上都会邀请一两位知名人士发表讲演。如1916年2月15日，芮恩施在美国驻华公使官邸召开了一次联谊会，约100名会员参加，严复和韦罗璧应邀发表讲演，题目分别是《中国古代政治团体小史》（A Historical Account of Ancient Political Societies in China）和《预算的性质与作用》（The Nature and Functions of a Budget），后来这两篇讲演稿分别发表在《学报》第一卷第一期和第四期。又如，在1917年3月30日召开的学会第二次全体会议上，王宠惠和法国学者宝道（Georges Padoux，当时任中国政府法律顾问）分别发表了有关中国和暹罗（今泰国）司法改革的演讲，后来这两篇演讲稿发表在《学报》第二卷第二期。

《学报》编辑部由主编、业务编辑、经营编辑组成。首任主编严鹤龄（第一卷第一期至第五卷第三期），此后担任主编的有张煜全（第五卷第四期至第六卷第二期）、刁敏谦（第七卷第一期至第14卷第四期）、蒋廷黻（第15卷第一期至第18卷第四期）、萧公权（第19卷第一期至第21卷第四期）、张煜全（第22卷第一期至第24卷第四期）。下面对他们的生平做一简单介绍。

严鹤龄(1879—1937),浙江余姚人。早年家境贫寒,十岁才开始读书。后在舅父的帮助下进入上海一家教会学堂。几年苦学后以优异成绩考入上海圣约翰大学,接受完全美国式的教育(1896—1903)。1907—1908年任复旦大学英语讲师。1908年与翁文灏等人一道考取浙江公费留学资格,赴美国哥伦比亚大学政治学系留学,先后获法学硕士(1909)和哲学博士(1911)学位,博士论文为《中国宪政展望概论》(A Survey of Constitutional Development in China)。1911年辛亥革命前夕学成回国,赴北京参加清政府留学生考试,获最优等奖,被授予法政科进士头衔。随即进入清政府外务部,任机要股一等股员。后长期在北洋政府外交部任职,参加过巴黎和会、华盛顿会议、关税会议等,曾任驻美公使,并两次出任清华学校校长。

张煜全(1880—1953),广东南海人。早年就读于福州英华书院、香港皇仁书院、天津北洋大学。1901年与王宠惠、陈锦涛、胡栋朝、严锦镕等作为北洋官费生一同被派往美国留学。1904年获美国耶鲁大学法学硕士学位。回国后长期在外交部任职,曾任清华校长。

刁敏谦(1888—1970),广东兴宁人。1916年获得英国伦敦大学法学博士学位,博士论文为《中国与各国条约上之义务》(The Legal Obligations Arising out of Treaty Relations between China and Other States)。回国后历任英文《北京导报》总编辑、清华学校教授、华盛顿会议中国代表团秘书、南京政府外交部情报司司长等职。

蒋廷黻(1895—1965),湖南邵阳人,早年在美国基督教长老会所办的益智学堂学习,1912年赴美留学,先后就读于派克学堂、奥柏林学院、哥伦比亚大学,1923年获博士学位。回国后任南开大学、清华大学历史系教授。1935年后从政,1965年在纽约病逝。蒋廷黻作为学者是中国近代外交史研究的开创者，所著《中国近代史》（1938）和所编《近代中国外交史资料辑要》（1931）影响深远。

萧公权（1897—1981），江西泰和人。1920年自清华毕业后赴美留学，就读于密苏里大学新闻系和康奈尔大学哲学系。1926年取得康奈尔大学博士学位后回国，先后在南开大学、东北大学、燕京大学、清华大学等校任教。全面抗战爆发后任教于四川大学、成都燕京大学、光华大学，抗战胜利后继续在光华大学及四川大学任教。1948年当选为中央研究院第一届院士。1949年底赴美出任西雅图华盛顿大学教授，1968年退休。

从上面的介绍可以看出，主编均有留学背景，且主要是留美博士，显示该刊和美国的密切关系。主编所获学位和主要研究方向为法学、政治学、外交学，也正是《学报》的主要方向。

## 三、作者队伍

《学报》上的各类文章约630篇，不计书评、札记、短文、编者按语约270篇，学术论文约360篇。其中法学（含国际法、外交学、国际关系）约120篇，政治学（含政府学、行政管理学）约50篇，经济学（含财政学）约60篇，社会学（含人类学）约30篇，教育学、心理学、图书馆学13篇，人文学科（文史哲）约40篇，海外汉学47篇。

《学报》的作者队伍阵容强大，各类文章的中国作者约180人、外国作者约150人。就中国作者来说，大都有留学海外的经历，其中不少具有博士学位。法学方面如王宠惠（耶鲁大学）、刁敏谦（伦敦大学）、顾维钧（哥伦比亚大学）、夏晋麟（爱丁堡大学）等，政治学方面如鲍明钤（霍普金斯大学)、王造时(威斯康星大学)、徐淑希(哥伦比亚大学)、崔书琴(哈佛大学)、陈之迈(哥伦比亚大学)等,经济学方面如马寅初(哥伦比亚大学)、何廉(耶鲁大学)、方显廷(耶鲁大学)等,社会学方面如许仕廉(爱荷华大学)等,心理学方面如刘廷芳(哥伦比亚大学)等。

这些作者大致可以分为两类,一类在政府部门(外交、财政、司法、交通)工作,另一类则为高校教师,其中执教清华者(很多也是原来清华毕业生)比例最高。以《学报》上政治类论文和书评的作者来看,清华师生占据了绝对优势,有浦薛凤、时昭瀛、王化成、张忠绂、沈乃正、崔书琴、陈之迈、刘师舜、杨光泩、萧公权、王造时、邵循正。另外值得一提的是,在《学报》上发表多篇文章的魁格雷(又名桂克礼,Harold Scott Quigley,美国明尼苏达大学政治学教授)于1921年9月至1923年6月担任清华访问教授;劳力(Selden Gale Lowrie,美国辛辛那提大学政治学系主任)于1922年9月至1923年6月担任清华访问教授;克尔文(又名恪而温,Edward Samuel Corwin)于1928年9月至12月担任清华访问教授。

就外国作者来看,不少都有在中国工作和生活的经历,他们主要分布在驻华使领馆、中国政府部门、高校(特别是燕京大学、清华大学)以及在华外国公司企业。就《学报》最为关注的法学方面来看,外国作者中有多位曾在中国政府担任法律(宪法、司法)顾问,如1912—1919年的总统府法律顾问有贺长雄、1914—1916年的法律顾问韦罗贝(W. F. Willoughby)、1916—1917年的宪法顾问韦罗璧(W. W. Willoughby)、1917—1919年的法律顾问德尼斯(William Cullen Dennis)、1919—1929年的司法和立法顾问宝道(Georges Padoux)、1921—1930年的法律顾问爱斯嘉拉(Jean Escarra)。

# 第二节 法学研究

法学研究包括很多方面，如基础法学、宪政法学、民商法学、刑事法学、诉讼法学、国际法学等。从《学报》上文章的数量来看，国际法学和宪政法学是讨论的重点。

## 一、领事裁判权问题

在国际法学领域，不平等条约的修订一直是《学报》关注的热点问题。随着中华民国的建立，留学生群体的民族意识日益强烈，他们迫切地希望这个新兴的共和制国家能获得国际社会的认可，并享有与他国平等的地位。1920年中国作为创始会员国加入国际联盟，无疑是一件振奋人心的事情。[1] 然而就现有的条约关系来说中国仍处于不平等地位，这一现实与国人，特别是留学生的期许有相当大的落差。[2]

---

[1]《学报》上发表了多篇与国联有关的文章，如 Wang Tsao-shih, "China and the League of Nations, 1920-1926", *CSPSR*, Vol. 12, No. 4; W. Leon Godshall, "What Can China Expect from the League of Nations", *CSPSR*, Vol. 16, No. 1.

[2] 李珊就北洋政府时期中国学人（主要是留学生）用英文撰写的中外关系著作（以博士论文为主）做了全面的研究，详见李珊《北京政府时期学人的修约外交理念研究——以英文中外关系著作为中心》，载《中国社会科学院近代史研究所青年学术论坛2012年卷》，社科文献出版社2013年版。本节论述参考了该论文。

在民国初年的留学生当中，率先在《学报》上发文探讨修约重要性的是刁敏谦。刁于1916年7月获得伦敦大学法学博士学位（是中国人中最早的两人之一），[1]博士论文《中国与各国条约上之义务》详细阐述了中外条约签订与执行中种种不合乎国际法准则之处，是最早从法理角度讨论这一问题的专著之一。对该文以及另外一部相关著作《中国与国际和平》（China and World Peace，鲍明钤著），《学报》曾刊登书评予以介绍。[2]

回国后刁敏谦在外交部任职，同时在清华教授国际法。沿着博士论文的思路，他在1917年《学报》第二期上发表了《中国与和平会议：修约问题》（China and the Peace Conference: Problems of Treaty Revision）一文，继续探讨相关问题。在这篇文章中，刁敏谦开门见山地指出，目前外国人在中国的种种特权之中，领事裁判权是比驻军权、协定关税、最惠国待遇等更为急迫需要解决的问题，它一方面严重损害了中国的司法权，另一方面在刁敏谦看来也未必对外国人真有便利可言，因为它不仅限制了外国人进入中国内地的自由，也大大增加了外国领事的工作量。虽然英国早在1902年的《续议通商行船条约》中就承诺将考虑撤销这一特权，但15年过去了，英国还是以种种借口拖延，其他如美国、日本等也是如此。[3]

---

[1] 中国第一个在英国获得LL.D.（法学博士）学位的是郑天锡，时间是1916年初于伦敦大学大学学院；刁敏谦也是伦敦大学大学学院的LL.D.，时间是1916年7月。详见王伟《中国近代留洋法学博士考》，上海人民出版社2011年版，第163页。

[2] 详见Rho, "A Study of China's Constitutional and International Problems: Two Books by M. T. Z. Tyau", *CSPSR*, Vol.4, No. 2; Y. C. Chang, "*China and World Peace by Mingchien J. Bau*", *CSPSR*, Vol. 12, No. 4.

[3] 《续议通商行船条约》（1902年9月5日签订于上海）第十二款："中国深欲整顿本国律例，以期与各西国律例改同一律，英国允愿尽力协助，以成此举，一俟查悉中国律例情形及其审断办法及一切相关事宜皆臻妥善，英国即允弃其治外法权。"王铁崖编《中外旧约章汇编》（1957），上海财经大学出版社2019年版，第二册第103页。

刁敏谦写这篇文章时，一战还没有结束，巴黎和会尚未召开，但他已考虑在未来的和平会议上中国应该向列强提出哪些修约的要求，真可谓未雨绸缪。虽然惨烈的战争还在继续，但刁敏谦对未来充满了信心，他在文章最后写道："从这次大战中将诞生新的世界，新的体制将被建立，在这样的前景中寄寓着我们的期望——中国和其他国家的条约关系将根据理性的原则重新调整。"[1]后来的事实表明，刁敏谦在这篇文章中提出的要求确实成为巴黎和会时中方的一大诉求。

由于巴黎和会的焦点是山东问题，因此中国提出的修约要求没有立刻能够实现，但会后中国和德国签订的《中德协约》（1921）废除了领事裁判权，为最终解决这一问题迈出了坚实的一步。

在领事裁判权问题上，从在《学报》上发表文章的时间来看，金问泗是最早的。《学报》第一卷第二期就刊载了他的《从中国的观点看领事裁判权》（A Chinese View of the Foreign Consular Jurisdiction）一文。他首先指出，外国人以中国法律特别是刑法不健全为由提出领事裁判权是不合理的。以杀人的判决来说，很多人误以为根据中国法律一定是一命抵一命，而不区分有意和过失，但实际情况并不完全如此。在中国生活工作多年的马士（Hosea B. Morse）对此有清醒的认识，他在其代表作《中华帝国对外关系史》（The International Relations of the Chinese Empire）中写道："这两国的法律，除了中国法律显出对于一种侵害的结果予以更多的考虑，而英国法律却着重考虑动机以外，其距离并不算远；当我们想要评论那时的中国人的时候，这种观点上的差别，是必须牢记的。"[2]另外从历史上看，一些外国

---

[1] M. T. Z. Tyau, "China and the Peace Conference: Problems of Treaty Revision", *CSPSR*, Vol.2, No. 2, p. 54.
[2] 马士《中华帝国对外关系史》第一卷，上海书店出版社2006年版，第125页。

人在中国杀人也未必都是偿命的。马士的书中就记录了不少案例，其中最能说明问题的是1807年英国水手叙恩（Edward Sheen）过失杀人，最终只缴付12.42两（约合4英镑）的罚款就了事了。[1] 金问泗指出，从现实情况来看，领事裁判权不仅大大增加了外国领事的工作量，更糟糕的是给一些不法的中国人勾结外国人谋取私利创造了条件，所以应该尽快取消。金问泗在文中同时也承认中国必须进行司法改革。

紧接着金问泗讨论领事裁判权问题的是郭云观。两人不仅是外交部的同事，还是早年北洋大学的同学，也曾一同在中国驻美使馆工作过，所以想法是颇为相近的。

郭云观在《学报》第五卷第四期发表了《从中国法制史看司法改革与取消领事裁判权》（Some Observations on Chinese Legal History as Will Throw Light on the Question of Law Reform and Abolition of Extraterritoriality in China）一文，矛头直指领事裁判权的合理性与必要性。他从最为外人诟病的中国刑法制度出发，将古今中外的情况进行比较后写道："我们已经看到中国新刑法及其程序是建立在与近代西方思想如此和谐的经典原则的基础之上，所以很难指出中国法律与西方法律之间有任何实质性区别。"接着他又以日本民法的家族性为例，指出日本古代民法就是学习中国的结果，而且直至近代，中日两国民法在家族性的本质上仍是相同的。日本在1899年就已经废除了领事裁判权，而直到1910年还有英国教授撰文认为中国家族法的东方特性是维持领事裁判权的主要理由，对此郭严词以对："法律性质相同，但领事裁判权一存一废，我们确实没有看到歧视的任何合理依据。"在文章的最后，郭云观再次表达了对领事裁判权被强加于中国的不解与质

---

[1] 马士《中华帝国对外关系史》第一卷，第115—116页。

疑:"无论从理论角度还是从实践的角度来看,我们都没有看到外国评论家特别将家庭关系与领事裁判权问题相勾连的合理性所在。"[1]

据金问泗回忆,1918年底,他和郭云观一起被驻美公使顾维钧召集,商讨为即将举行的巴黎和会搜集资料,以利中国之提案。顾维钧提出两项工作由二人挑选:一、废除领事裁判权,二、恢复关税自主权。郭云观毫不犹豫地选择了前者。[2] 显然领事裁判权问题很早就引起了他的关注。1920年11月,司法部设立了法权讨论会,研究收回法权事宜,聘请大理院院长王宠惠为会长,并延聘会员十多人,定期开会研究。郭云观此时任修订法律馆纂修,也被聘为会员,《学报》上他的这篇文章可以说融入了他的最新思考。

刁敏谦在英国的博士论文没有在《学报》上刊载,《学报》上发表的是夏晋麟1922年在爱丁堡大学完成的博士论文《中英条约关系:国际法和外交研究》(Treaty Relations between China and Great Britain: A Study of International Law and Diplomacy)主体部分的七个章节,分七次连载(1923年第二至四期;1924年第一至四期)。这七个章节分别是:一、领事裁判权;二、专管租界与公共租界;三、租借地及势力范围的历史介绍;四、租借地;五、势力范围;六、门户开放、领土完整与政治统一;七、关税自主。夏晋麟同样主张废除领事裁判权,但同时清醒地意识到,收回这一权力不是一蹴而就的,需要分步走。他在论文第一章的最后提出了六步走的建议:一、颁布新的全套的法律法规,建立新式的法院;二、如果案件涉及外

---

[1] Kuo Yun-kuan, "Some Observations on Chinese Legal History as Will Throw Light on the Question of Law Reform and Abolition of Extraterritoriality in China", *CSPSR*, Vol. 5, No. 4, pp. 255-272.
[2] 金问泗《从巴黎和会到国联》,传记文学出版社1967年版,第2页。

国人，聘请外国法官与中国法官共同依据中国法律进行审理；三、在通商口岸尽量将涉及外国人的案件移送中国法庭审理；四、在内地逐步取消领事裁决民事案件的权力；五、在通商口岸逐步取消领事裁决民事案件的权力；六、逐步取消英国领事在通商口岸和内地裁判刑事案件的权力。[1]

此外还有两位重要学者的博士论文涉及近代中外关系和领事裁判权问题，虽然没有刊登在《学报》上，但《学报》专门发表了书评，显示了对它们的关注。一篇是鲍明钤的《中国的对外关系》（The Foreign Relations of China），另外一篇是刘师舜的《领事裁判权兴废论》（Extraterritoriality, Its Rise and Its Decline）。刘著虽然主要是从学理和历史的角度来讨论世界范围内的领事裁判权问题——从古代埃及到近代中国，但作为中国学者，他不可能完全以一种局外人的态度来看待中国近代的各种不平等条约，他在文中详细分析了历史上各种取消领事裁判权的手段，如兼并、转移、单方面解除、谈判等，显然是在为中国政府和外交部门提供参考。鲍著则侧重于对近代中外交往历史的梳理，共分为六个部分：一、中国外交史概略；二、西方列强对华政策；三、日本对华政策；四、中国主权之侵害；五、大战后出现的新问题；六、为中国拟定的外交政策。其中"中国主权之侵害"（Impairments of Chinese Sovereignty）部分将主要矛头指向领事裁判权问题。在鲍明钤看来，主权意味着能力（competency），一个失去主权的国家就像走路需要人搀扶、行动受人控制的孩子，中国必须尽早摆脱这种无力的状态。[2]

---

[1] Ching-lin Hsia, "Treaty Relations between China and Great Britain: A Study of International Law and Diplomacy, Chapter I", *CSPSR*, Vol. 7, No. 2, pp. 46-47.
[2] Georges Padoux, "The Foreign Relations of China by Mingchien Bau", *CSPSR*, Vol. 8, No. 3, pp. 236-242; Georges Padoux, "*Extraterritoriality, Its Rise and Its Decline* by Shih-shun Liu", *CSPSR*, Vol. 10, No. 3, pp. 755-763.

虽然收回旧条约中的权利不容易，但在签署新条约时完全可以避免重蹈覆辙。刁敏谦在发表于《学报》第九卷第四期（1925年10月）的《中国的新条约》（China's New Treaties）一文中，回顾了一战结束后中国和智利、瑞士、玻利维亚、波斯等国签订的协议。举国上下反对领事裁判权在这些新条约中得到了体现，中国和波斯的《友好条约》（1920年6月1日签订）中明确表示没有领事裁判权。[1] 和以前签过合约的国家再签约时，也特别注意到了这一条。巴黎和会中国拒绝签字，后来和德国单独订立新的《中德协约》（1921年5月18日签署）时，德国放弃了领事裁判权。1921年9月26日和墨西哥签订的《暂行修改中墨一千八百九十九年条约之协定》中，墨西哥政府"自愿表示，将来正式修改该约，本国政府放弃在华之领事裁判权一事，当居修改各款之一"[2]。最值得一提的是中国和苏联的《解决悬案大纲协定》（1924年5月31日签订），苏联政府宣布，"将中国政府与前俄帝国政府所订立之一切公约、条约、协定、议定书及合同等项概行废止"；同时声明，"前俄帝国政府与第三者所订立之一切条约、协定等项，有妨碍中国主权及利益者，概为无效"[3]。刁敏谦对这些新的进展感到高兴，也对全面解决领事裁判权问题充满期待。

---

[1] 中国波斯《友好条约》第五条："两缔约国得派总领事、正领事、副领事、代理领事驻扎于彼此容许诸外国同等官吏所驻扎之重要城邑及口岸，除领事裁判权外，得享受最惠国领事官之同等特权。"王铁崖编《中外旧约章汇编》（1957），上海财经大学出版社2019年版，第三册第76页。
[2] 王铁崖编《中外旧约章汇编》（1957），上海财经大学出版社2019年版，第三册第183页。
[3] 王铁崖编《中外旧约章汇编》（1957），上海财经大学出版社2019年版，第三册第399页。

## 二、司法改革

从中国人的视角来看，鸦片战争以来签订的一系列条约都应该尽快修订，甚至废除。但从外国人的角度来看并不完全如此。时任中国政府司法顾问的法国学者宝道在评论鲍明钤《中国的对外关系》一书时指出："没有人怀疑中国应该最终收回它割让给外国的主权，但在要求收回之前，它必须有足够的能力行使这些权力，而事实是，目前的政治动荡使它无法进行那些为了实现这一目标所需要的改革。"就取消领事裁判权来说，最需要的是司法改革。宝道在文章最后说，他虽然很高兴看到继法国学者高第（Henri Cordier）、美国学者马士之后，中国的留学生开始写出有分量的关于中国对外关系的专著，但他希望留学生在目前情况下应该更多关注中国内部的改革，而不是外国列强对中国的不平等条约。[1] 另外美国驻上海副领事毕肖普（Crawford M. Bishop）在《领事裁判权在中国及其取消问题》（Extraterritoriality in China and Its Abolition）一文（载《学报》第五卷第三期）也持和宝道相似的观点。

关于中国的司法改革，在《学报》上最早发表文章的是宝道和王宠惠。宝道以他此前在泰国的工作经验指出，泰国的司法改革是与领事裁判权密切相关的。1855 年 4 月 18 日英国在与泰国签订的条约中明确了领事裁判权，其后西方列强陆续获得了这一权利，最后一个获此权利的是日本（1898）。日本在签署条约时明确表示，一旦泰国实现司法改革，即制定新的民法、刑法、民事诉讼法、刑事诉讼法，双方就可以谈判取消领事裁判权。此后泰国采取了一系列的司法改革，于是法国于 1907 年、英国和日本

---

1　Georges Padoux, "The Foreign Relations of China by Mingchien Bau", *CSPSR*, Vol. 8, No. 3, pp. 241-242.

于 1909 年部分放弃了领事裁判权（一战后彻底解除）。泰国很多情况和中国相似，对中国有借鉴作用。[1]

宝道当时担任中国司法顾问，对中国的情况是比较了解的。而王宠惠就更有发言权了。他是近代中国第一位留美法学博士，1905 年从耶鲁大学毕业后回国一直在政界和法律界担任要职。1917 年王宠惠出任法律编查会会长，该会专门负责法律的起草和修订。1918 年，法律编查会改为修订法律馆，他又任修订法律馆总裁。王宠惠在《中国法律改革》（Law Reform in China）一文中首先回顾了中国近代司法改革的动力，一是 1895 年甲午海战中国惨败所引起的朝野上下的改革呼声，二是领事裁判权的刺激。接着他分析了晚清民初修订颁布的几部法律，对于 1912 年 3 月颁布的《暂行新刑律》，王宠惠认为其中已经有了不少新的变化。比如第十条"法律无明文科以刑罚者，其行为不为罪"就非常符合西方的法律精神，其重要性在于扭转了长期以来中国司法机构不依据法律订立罪名的做法。同时王宠惠也清醒地意识到，中国的司法改革还有很多工作要做，如逐步建立四级法院和陪审员制度，为辩护人聘请律师，以及监狱改革等，当然更重要的是实现司法的真正独立。王宠惠在文中还分析了中国建立新的法律体系的特点，其强烈的欧洲大陆法倾向是多方面因素造成的。中国通过日本接受德国法律的影响是一个不小的原因，而更重要的是两点，一是英美法侧重个人，忽视家庭，而在中国家庭是社会的基本单位，所以中国法律改革是在保留这一传统的情况下尽量按照大陆法系实现现代化。二是英美法是案例法，学习起来比较困难，不如成文法便于操作。王宠惠在文章最后指出，短时间内中国法律改革已经取得不小的成绩，在此基础上，"修订法律馆将本着两个基本原则继续做好

---

1 Georges Padoux, "Law Reform in Siam", *CSPSR*, Vol 2, No. 2, pp. 1-12.

工作，第一是充分考虑到东西方差异，两者的基本理念都要尊重；二是中国的习俗复杂丰富，在新法律中必须尽量遵守。只有这样才能取得成功。"[1]

  1917年法律编查会成立后，对刑法进行了第一次修正。1918年法律编查会改为修订法律馆后，又起草了第二次刑法修正案，在这项工作中王宠惠任总裁，罗文干任副总裁。《学报》第四卷第三期刊载的罗文干《中华民国刑法》(The Criminal Code of the Republic of China)一文，对第二次修正做了比较详细的说明。这次修订的原则是在尽可能的范围内保留1912年《暂行新刑律》的内容，同时综合参考法学的最新成果。在罗文干看来，这次修订的一个革命性的进展体现在废除了极端的处罚如砍头等，虽然保留了死刑，但只采用绞刑的方式。此外废除了有期徒刑的等级制，对不同罪行明定年月，避免量刑或轻或重的问题。其他修订还包括提高责任年龄，将12岁改为14岁；量刑时充分考虑犯罪时的环境和主观动机；对于少年犯实施管教等。修正案还增加了妨害商务罪、妨害公共秩序罪、职务犯罪等新内容，同时细化了精神病人犯罪、酒后犯罪等各类情况的定义，区分了累犯和惯犯的性质等等。总之，修订做到了对罪犯处罚的个性化。罗文干还特别强调了修正案的一个重大变化，就是立法以从新、从轻为两大并行不悖的原则。原来的《暂行新刑律》于新旧法有轻重时，概从新法。第二次刑法修正案虽然在一般情况下也以从新为原则，但于旧法的刑较轻时从轻。如新法第一章第二条规定：行为时的法律与裁判时的法律遇有变更，依裁判时的法律处断，但"行为时法律之刑较轻者，适用较轻之刑"[2]。种种的变化表明，中国在司法改革上迈出了坚实的步伐。

---

1 Wang Chung-Hui, "Law Reform in China", *CSPSR*, Vol. 2, No. 2, pp. 13-21.
2 Lo Wen-kan, "The Criminal Code of the Republic of China", *CSPSR*, Vol. 4, No. 3, pp. 213-218.

虽然在司法改革上取得了不少进步，但巴黎和会上中国提出的修约要求并没有得到积极的回应。1921年华盛顿会议中国代表团再申前请，国际社会最终同意派遣调查团来中国考察司法情况。在这样的形势下，曾任司法总长的张耀曾于1925年12月8日的学会会议上发表了题为《中国司法现状与未来》(The Present Conditions of the Judiciary in China and Its Future)的讲演（后发表于《学报》1926年1月第十卷第一期）。讲演开始，张耀曾开宗明义地表示，"因为国际领事委员会将来中国调查，根据华盛顿会议的决议，我将借此机会报告一下中国目前司法的总体情况以及将采取的改进方法。我不打算陷入任何的理论探讨或者批评，我只想利用多年在司法部门的工作经验提供一些切实可靠的数据来说明中国在司法方面取得的成绩。"[1]演讲分为现状和未来计划两部分。在现状这一部分他介绍了在法律条例制定颁布、法庭建设、法官队伍建设、监狱建设等方面的情况。其中法律条例制定和公布是重点，具体如下：

民事方面：一、《现行刑律》（《大清刑律》修订版）民事部分（1912年3月10日公布）；二、《管理寺院条例》（1915年10月29日公布）；三、《清理不动产典当法》（1915年10月6日公布）；四、《国有荒地承垦条例》（1914年3月3日公布）；五、《森林法》（1915年4月30日公布）；六、《矿业条例》（1914年3月11日公布）；七、《著作权法》（1915年11月7日公布）；

商事方面：一、《商人通则》（1914年3月2日公布）；二、《公司

---

[1] Chang Yao-tseng, "The Present Conditions of the Judiciary in China and Its Future", *CSPSR*, Vol. 10, No. 1, p. 163.

条例》（1914年1月13日公布）；三、《证券交易所法》（1914年12月29日公布）；四、《物品交易所法》（1921年3月5日公布）；五、《商会法》（1914年9月11日公布）；六、《商标法》（1923年5月3日公布）；

刑事方面：一、《暂行新刑律》（1912年3月10日公布）；二、《暂行新刑律补充条例》（1914年12月24日公布）；三、《修正吗啡治罪法》（1920年12月31日公布）；四《私盐治罪法》（1915年12月22日公布）；五、《贩卖罂粟种子罪刑令》（1914年12月20日公布）；六、《禁止销毁前清制钱罪刑令》（1916年1月20日公布）；七、《陆军刑事条例》（1915年3月18日公布）；八、《海军刑事条例》（1918年5月24日公布）；

诉讼法方面：一、《民事诉讼条例》（1921年7月22日公布）；二、《民事诉讼执行规则》（1920年8月3日公布）；三、《诉讼费用规则》（1920年6月20日公布）；四、《民事公断暂行规则》（1921年8月8日公布）；五、《商事公断处章程》（1913年1月28日公布）；六、《登记通则》（1922年5月21日公布）；七、《不动产登记条例》（1921年5月21日公布）；八、《刑事诉讼条例》（1922年11月14日公布）；九、《刑事简易程序暂行条例》（1922年1月25日公布）；十、《处刑命令暂行条例》（1920年12月28日公布）；十一、《陆军审判条例》（1915年3月25日公布）；十二、《海军审判条例》（1918年5月21日公布）；十三、《审理无领权国人民民刑诉讼章程》（1918年5月23日公布）；

国籍和法律适用方面：一、《国籍法》（1914年11月30日公布）；二、《法律适用条例》（1918年8月5日公布）；

司法方面：一、《法院编制法》（1912年3月10日公布）；二、《暂

行各县地方分庭组织法》(1917年4月22日公布);三、《县司法公署组织章程》(1917年5月1日公布);

警察方面:一、《治安警察法》(1914年8月29日公布);二、《违警罚法》(1915年11月7日公布);三、《警械使用法》(1914年3月2日公布);四、《豫戒法》(1914年3月3日公布);五、《出版法》(1914年12月4日公布);六、《狩猎法》(1914年9月1日公布);

申诉和行政诉讼方面:一、《诉愿法》(1914年7月20日公布);二、《行政诉讼法》(1914年7月20日公布);

戒严和捕获方面:一、《戒严法》(1912年12月15日公布);二、《捕获审检厅条例》(1917年10月20日公布);三、《海上捕获条例》(1917年10月30日公布)。

此外最高法院的《大理院判例》《法令解释》也汇编成册,供各级审判厅(初级审判厅、地方审判厅、高级审判厅)参考。

第二部分《未来计划》比第一部分要简单。张耀曾从法律制定、增加法庭和监狱数量、培训法官三个方面进行了论述。其中在法律制定方面,计划在1926年颁布的法律有《民律总则论》《民律债权论》《民律物权论》《民律亲属论》《商律票据论》,计划在1927年完成制定、1928年公布的法律有:《强制执行律》《破产法》《商律总则论》《商律行为论》《商律公司论》《海洋法》。至于增加法庭和监狱的数量,未来五年分别是205和128所。对于提升司法工作来说,好的法官不可或缺,张耀曾介绍此后对于法官的培训将主要从两个方面着手,一是建立一所法官学校,提供高级知识和技能培训,二是派送法官到国外进修,让他们在熟悉中国法律的基础上了解外国法律，掌握外语技能。[1]

从上面的文章可以看出，晚清以来，特别是民国建立以来，中国在司法方面做了不少工作。但效果如何呢？汪楫宝在《民国司法志》中总结说："盖新司法制度，虽已行之四十余年，默察社会舆情，仍不免有扞格之处。推原当初改革动机，颇侧重于获得外人在华领判权之放弃。以是有关司法上一切新措施，大致皆就欧美成规，亦步亦趋。中西国情互异，自难完全适合。"[2]中国确实有自己的国情，不能完全照搬国外的法律。

## 三、国际法与国际关系研究

领事裁判权等不平等条约的存在，不仅在国家层面成为推动中国近代司法改革的动力，在个人层面也刺激了不少中国学子研习国际法，顾维钧就是其中之一。他曾表示，自己在美留学期间"一直对外交关系有兴趣，并想改进中国外交事务的处理方法"。[3]他1912年的哥伦比亚大学博士学位论文《外人在华之地位》（The Status of Aliens in China）是最早系统讨论中外条约体系的著作，其中对于领事裁判权的由来、发展、作用有详细的描述。此后的英美留学生刁敏谦、鲍明钤、刘师舜等对此继续给予了高度的关注。他们之间的差别在于顾维钧在论文中还没有明确提出修约的要求，而后来者不仅要求明确，而且充分利用自己在国外学到的国际法知识为中国外交出谋划策。其中最典型的就是刁敏谦对"情势变迁"（Rebus sic Stantibus）

---

[1] Chang Yao-tseng, "The Present Conditions of the Judiciary in China and Its Future", *CSPSR*, Vol. 10, No. 1, pp. 163-182.
[2] 汪楫宝《民国司法志》（1954），商务印书馆2015年版，第114页。
[3] 《顾维钧回忆录》，中国社会科学院近代史研究所编译，中华书局1993年版，第1册第72页。

原则的运用，这是国际法中一条古老的原则，它设定签订条约时缔约国是以某些根本情势的继续存在为前提的，但一旦这种根本情势发生变化，缔约国就可以根据该原则废除条约。刁敏谦在博士论文中使用了这一原则作为中国要求改订条约的法理依据。他后来在《学报》上发表的《中国与和平会议》一文再次运用了这一原则，他指出，中国的不平等条约都是清朝帝制时代订立的，现在民国已经建立，中国已经是国际大家庭中的一员，情势发生了巨大的变化，而旧的条约义务依然存在，"不仅阻碍了中国的发展，甚至危及到它的生存，因此它的修约要求必须被正视。"[1]

对于近代中国来说，国际法是纯粹的西方舶来品，就像其他不少知识一样。它最早由传教士介绍进中国，早在鸦片战争爆发前的1833年，德国传教士郭实腊（Karl Gutzlaff）就在广州创办了中国近代内地第一份中文期刊《东西洋考每月统记传》（1837年后出版地迁至新加坡），它成为中国最早引入西方法学等学科知识的刊物。继郭实腊之后，英国传教士麦都思（Walter H. Medhurst）、傅兰雅（John Fryer）、李提摩太（Timothy Richard）、林乐知（Young J. Allen），美国传教士裨治文（Elijah C. Bridgman）、丁韪良（William A. P. Martin），德国传教士花之安（Ernst Faber）都曾致力于介绍宣传西方的法学知识，其中丁韪良对国际法的传播贡献最大。1862年，清政府在总理各国事务衙门下设立了外语人才培训的专门机构——同文馆，丁韪良受聘担任英文教习，不久他就为中国学生开设了国际法课程。1863年，丁韪良开始着手翻译美国人惠顿（Henry Wheaton）的《万国公法》（Elements of International Law），该书受到恭亲王等人的赏识，由总理衙门

---

1　M. T. Z. Tyau, "China and the Peace Conference: Problems of Treaty Revision", *CSPSR*, Vol. 2, No. 2, p. 53.

拨专款付印出版。该书第一次全面地将国际法著作介绍到中国，影响十分深远。

随着西法东渐，中国人对于包括国际法在内的西方近代法律有了逐步的认识。19世纪末以来随着法科留学生的出现，中国熟悉国际法并能加以运用的人越来越多。但从他们发表的著作来看，能从理论层面加以深入探讨的还是为数有限。就"情势变迁"原则来说，黄廷英的研究是比较深入的。他于1933年获得美国霍普金斯大学国际法专业博士学位，博士论文为《国际法上情势变迁原则论》（The Doctrine of Rebus sic Stantibus in International Law），全文分为五章，通过众多案例对这一原则做了探讨。对于这篇重要论文，《学报》刊登了清华大学政治学教授王化成的书评。王指出，该文是中国学者对情势变迁原则研究的一个积极的贡献，是值得庆贺的，但同时也认为，作者的结论部分比较薄弱，对于一些法理问题的探讨还欠深入，正如王化成在书评末尾所指出的："如果根据情势变迁就可以撤销条约的话，那么存在的问题是，情况需要达到什么性质，变化要有多大？情势变迁是要求修改条约的唯一条件吗？如果对方坚持不修约，可以单方面提出修约吗？情势变迁可以自动地使条约失效吗，还是需要通过一些修订或撤销的程序？这些问题都还有讨论的空间。"[1]

从学理上探讨国际法的正式论文，《学报》上刊载不多，其中最重要的是穆尔（J. B. Moore）的《国际法及其当前的例证》（International Law and Some Current Illustrations）。穆尔是哥伦比亚大学国际法教授，也是美国历史上第一位国际法教授，是这一领域的权威学者。他在这篇文章中详细分

---

[1] Hua-Cheng Wang, "*The Doctrine of Rebus sic Stantibus in International Law by T. Young Huang*", *CSPSR*, Vol. 20, No. 2, p. 333.

析了第一次世界大战期间有关国际法的问题。大战发生后，很多人哀叹国际法已经不复存在。穆尔承认，国际法不像国内法有强制执行的机关，很容易遭到破坏，但他以大量的事实说明，尽管战争很残酷，但很多国际法原则仍然在起作用，比如对于非战争人员生命以及私人财产的保护、战争期间合法的中立贸易（legitimate neutral trade）的开展，等等。另外一方面他也指出，战争中毒气、空袭的使用以及对于平民的伤害确实需要国际社会以人道主义为原则加以限制。

穆尔是顾维钧的博士导师。顾维钧1912年回国后主要从事具体的外交活动，不像老师那样在高校执教，但在实际工作中也积累了对于国际法的不少认识和思考。《学报》第二卷第三期刊登了他的《国际法的执行》（Administration of International Law）一文，对于执行机关如政府外交机构、国际调查团、国际仲裁法院等的成败得失进行了比较深入的分析。穆尔也是刘师舜、徐淑希在哥伦比亚大学的博士导师。此外，金问泗、郭云观在哥伦比亚大学进修期间也得到了穆尔的指导。[1]

在《学报》出版的25年间，中国外交上的几个热点占据了相当多的篇幅：一、巴黎和会上的山东问题；二、华盛顿会议；三、国联；四、九一八事变后的满洲问题；其中最后一个问题——日本占领东三省是最受关注的。《学报》上发表了多篇讨论这一问题的文章，其中徐淑希最为活跃，他的博士论文就涉及这方面的内容。和其他学者相比，他尤其擅长从学理上讨论问题。[2]

---

[1] 详见金问泗《我与谟亚教授的师生关系》，《传记文学》第8卷第5期。
[2] 以下关于徐淑希的论述参考了李珊《九一八事变后中国知识界对日本战争宣传的反击——以英文撰述为中心》，《抗日战争研究》2012年第4期；张静《中国知识界与第三届太平洋国交讨论会》，《近代史研究》2004年第1期。

1929年11月21日徐淑希在学会会议上宣读了题为《京都会议上的满洲问题》（Manchuria in the Kyoto Conference）的报告，后刊登于《学报》第14卷第一期（1930年1月）。京都会议是太平洋关系学会（Institute of Pacific Relations）举行的第三次会议，该学会是第一次世界大战后由亚太地区民间团体组成的一个旨在维护国际秩序的非政府组织。[1] 20世纪20年代末30年代初，该会对东北问题给予了特别的关注，并将之作为京都会议（1929年10月28日—11月9日）和上海会议（1931年10月21日—11月2日）的焦点议题。京都会议是中日双方在东北问题上的首次交锋，徐淑希担任中方的主要发言人。讨论从一开始就显示出双方立场的巨大差异。中方主张从问题产生的历史根源进行研究，日方则主张以现状为讨论依据。日本代表强调日本在东北的"特殊利益"，认为东北问题源自日俄战争，强调日本付出的牺牲以及当下苏俄的威胁。中国代表则认为东北问题起源于日

---

[1] 1925年太平洋关系学会（Institute of Pacific Relations）建立。由于该学会的出现，传统意义上的汉学开始走出厚古薄今的研究壁垒，转向侧重现实问题和国际关系问题研究的新领域，从而揭开了地区研究的序幕。太平洋关系学会最初是由夏威夷关心太平洋地区社会经济问题的商界、教育界、宗教界人士发起的区域性团体，其宗旨是"研究太平洋各民族状况，以求改进各民族间的相互关系"。后来学会经过扩充，吸收了来自世界不同地区的专家、学者、政府官员，并且得到美国政府和一些财团的支持，发展成为一个国际性的学术团体，总部迁至纽约，在美国、中国、日本、朝鲜、印度、澳大利亚、菲律宾、加拿大、英国、法国、前苏联等国均设有分会。总会的会刊为《太平洋事务》（Pacific Affairs），美国分会的会刊为《远东观察》（Far Eastern Survey）。出于对第二次世界大战前错综复杂的远东局势的关注，太平洋关系学会的研究重心始终放在远东问题上，同时兼顾整个亚洲研究。它的主要研究规划几乎涉及美国政府急需了解的各方面问题，例如人口、土地占有和农业技术、工业化、家庭、殖民机构、民族运动、劳工组织、国际政治关系、商业和投资，等等。太平洋关系学会还积极联系基金会，资助学者深入远东进行实地考察。据统计，美国20世纪50年代以前出版的有关亚洲的书籍，有一半为太平洋关系学会出版或得其资助。在填补美国学术界对于太平洋地区知识的缺陷方面，太平洋关系学会是其他任何学术团体都无法比拟的。后来太平洋关系学会在麦卡锡运动中受到很大冲击，1960年解散，详见John N. Thomas, *The Institute of Pacific Relations: Asian Scholars and American Politics*（University of Washington Press, 1974），pp. 3-11, 118-130.

本吞并朝鲜,列举了日本在条约权利之外侵略东北的种种行径,指出所谓苏俄的威胁只是日本的借口。而对旅大、满铁、商租权等具体问题的讨论,最终都无法绕开"二十一条"(《民四条约》)和西原借款这两个话题。日本代表动辄以此作为依据,而中国代表则提出二者都不为中国政府所承认。讨论不可避免地陷入僵局。徐淑希的报告详细地陈述了会议的整个过程以及中、日双方的立场。[1]

此外,徐淑希还在《学报》第15卷第一期(1931年4月)发表了《南满铁路的地位》(The Status of the Railway Settlements in South Manchuria)一文,全面反驳了日本学者蜡山政道的各种谬误观点,强调东三省是中国领土不可分割的一部分。徐淑希在文中着力讨论了日本继续占领满铁的违约性,以及日本在满铁建立护路队和守备队的侵略性。[2]

九一八事变后,日本在国际上反复宣称其出兵东北是出于维护条约权益的考虑,而在中日条约问题上,最大的分歧当属1915年签订的《民四条约》。1931年10月26日,日本政府置国联行政院先后通过的三个要求日军撤至铁路区域内的决议案于不顾,向国联提出处理中日冲突的五点基本原则,其中要求"承认既有条约,包括日本在满洲租借区域内的争议问题",意图将撤兵问题与所谓"在满洲之条约权利"挂钩。所谓条约权利,实指《民四条约》。徐淑希意识到向国际社会澄清《民四条约》效力问题的重要性,专门撰写了《民四条约》(Treaties and Notes of 1915)一文,刊登在《学报》第16卷第一期(1932年4月)。他首先给出了《民四条约》的

---

[1] Hsu Suhsi, "Manchuria in the Kyoto Conference", *CSPSR*, Vol. 14, No. 1, pp. 61-70.
[2] Shuhsi Hsu, "The Status of the Railway Settlements in South Manchuria", *CSPSR*, Vol. 15, No. 1, pp. 29-47.

英文译文，然后摘引各种有关中日"二十一条"交涉的外交文件，证实袁世凯在未经国会同意的情况下签订了《民四条约》。徐淑希依据《奥本海国际法》（Oppenheim International Law）指出，"这种由袁世凯缔结的条约违背了宪法的约束，并非真正的条约且不合于共和体制，因为他缔结这些条约时即已僭越了其权力的范围"，从而说明《民四条约》违反《中华民国临时约法》，因而没有法律效力。[1]

在有关满洲问题上，徐淑希不仅关注自己的直接对手——日本学者的论述，也关注西方学者的著作，这构成了他东北问题研究的另一个特点。当时关于东北问题的讨论主要在中、日之间展开，西方学者只有美国人杨华德（C. W. Young）做过比较深入的研究，他的著作《日本在满洲的权限及国际合法地位》（Japan's Jurisdiction and International Legal Position in Manchuria）在西方颇受关注，但其中不少观点与事实不符。为了避免该书观点误导西方公众，徐淑希专门撰写了《日本在满洲的权利与地位》（Japan's Rights and Position in Manchuria，载《学报》第16卷第二期），逐一指出了杨氏的偏颇之处。不难看出，徐淑希有关东北问题的著作不但数量多，而且学术性强，代表了具有国际法知识背景的学人以法理为依据，揭示日本侵略行径，寻求从外交上解决中日纠纷的理性倾向。

徐淑希反驳杨华德的论文列《学报》第16卷第二期的首篇，紧接其后的是傅斯年《东北史纲》的英文节译本（Manchuria in History），译者为李济。《东北史纲》是傅斯年在九一八事变后心焦如焚的情绪下赶出来的作品，主要是为了说服国联李顿调查团东北自古以来是中国领土。此书主旨在根据史书之记载证明东北属于中国，以驳斥日本人"满蒙在历史上非中

---

[1] Shuhsi Hsu, "Treaties and Notes of 1915", *CSPSR*, Vol. 16, No. 1, pp. 43-66.

国领土"的谬论。李济的工作是将其中的主要内容翻译成英文。李济是近代中国的"考古学之父",他的专业可以说和现实问题没有任何关系。但在国难当头的时候,学者们的家国之情完全超越了个人的专业。

中国和日本在东北关系问题上还牵涉到一个重要邻邦——俄国。关于日俄战争前后的中俄关系,当时任教于清华的俄国学者噶邦福(J. J. Gapanovich)在《学报》第17卷第二期发表了《1892—1906年中俄在满洲的关系》(Sino-Russian Relations in Manchuria, 1892—1906)一文,对此进行了细致的梳理。至于整个近代以来的中俄关系,《学报》分五期连载了陈复光在哈佛大学的博士学位论文:《1689年以来之中俄关系》(Sino-Russian Diplomatic Relations since 1689),该文可以说是我国学者中俄关系史研究的开山之作。全文分为八个章节:一、雅克萨战役前的中俄关系及《尼布楚条约》的缔结;二、18世纪的中俄关系;三、俄国侵略黑龙江流域与《瑷珲条约》《北京条约》《天津条约》之缔结;四、中俄对西域之经营至《伊犁改订条约》的缔结;五、跨西伯利亚铁路的建立;六、中日甲午战争至日俄战争期间俄国的对华侵略;七、日俄协作下俄国的对华侵略;八、苏联与中华民国的关系。这篇论文资料丰富、结构合理,为中俄关系史的研究提供了非常有价值的框架。这个结构从纵向看,把200多年的中俄关系史大体上分为三个时期,即《尼布楚条约》至19世纪中叶;19世纪中叶至1890年代;19世纪90年代以后。从横向看,则把中俄9000多千米的边界大体上分为东段、西段两大块。这个结构框架影响重大,为后来的研究者所继承和发展。

## 四、宪法研究

在国际法领域，领事裁判权是焦点。在国内法律问题上，宪法是一大热门。《学报》讨论宪法的文章中最长的一篇是毕善功（L. R. O. Bevan，时任北京大学政治学教授）的《中国的宪法》（China's Constitutions），分四次在《学报》连载。该文系统地回顾了晚清以来的四部宪法：《钦定宪法大纲》（1908）、《重大信条十九条》（1912）、《中华民国临时约法》（1912）、《中华民国约法》（1914，又称"袁记约法"）。毕善功在文章开篇写道："20世纪初年见证了中国制定宪法的多次努力，这一工作现在还没有完成。《中国社会及政治学报》的编辑认为将这段时期宪法建设的成果介绍给广大读者，特别是西方读者，是一件有趣和有益的事情。这一个接一个被制定又被替代的法律是让人困惑的，名目繁多的各种全国会议、省议会的名称对于不了解中国情况的西方读者来说更是摸不着头脑。我确实不容易找到一条清晰的叙述线索，但我会尽量把过去20年发生的事情在不长的篇幅内展示出来，如果说这样做有什么价值的话，至少能为以后的研究提供一份参考。我不准备对任何一部宪法给予褒贬，也不想说明哪一部宪法所展示的道路值得延续。本文只是按时间顺序罗列事实，不准备冒险提出任何建议和意见。"[1]尽管这么说，毕善功在实际行文中还是难以掩藏自己的观点，比如对于《钦定宪法大纲》，在介绍完23条条文之后，就加以相当严厉的批评："宪法丝毫没有减少皇帝的任何权力，反而加强了他的权威，将他曾经表示将让渡给别人的权力再一次集中到自己手中。"[2]显然，毕善功虽然肯定

---

[1] L. R. O. Bevan, "China's Constitutions, I", *CSPSR*, Vol. 2, No. 4, pp. 89-90.

[2] L. R. O. Bevan, "China's Constitutions I", *CSPSR*, Vol. 2, No. 4, p. 107.

《钦定宪法大纲》作为中国历史上第一部宪法性文件的重要意义,但对于其中的条文却难以认同,特别是第一条"大清皇帝统治大清帝国,万世一系,永永尊戴"和第二条"君上神圣尊严,不可侵犯",这两条说明清朝君主仍在强调自身权威,将统治权和主权牢牢抓在自己手中。民国之后的三部宪法在其制定和执行过程中体现出行政权与立法权的激烈斗争,对此毕善功表现出一种同情的理解,他从比较宪法的角度指出,英、美、法等西方国家在立宪和行宪的过程中同样一直存在行政权与立法权的斗争,要找到两者的平衡需要时间。他写道:"对于高效的政治来说,行政权与立法权的和谐当然是需要的,这就要求两者中的一个处于更有影响力的地位。孟德斯鸠和威廉·布莱克斯通(William Blackstone)在某种程度上误解了'分权'学说,无论在法国还是英国,直到今天都很难看到国家权力是在彼此独立但相互合作的机构之间运行。"[1]

顾维钧在《中国宪法的几个方面》(Some Aspects of China's Permanent Constitution,1923年3月9日在学会会议上宣读)一文中对于1923年宪法提出了三个值得注意的问题,其中之一正是行政与立法的关系,和毕善功的意见可谓不谋而合。其他两个关系是:地方自治和中央管理之间的关系、立法机关与司法机关在法律解释权上的关系。顾维钧在文末总结说:"以上三个关系对于中华民国的政治发展极端重要,因为一个稳定政府的建立和稳定政治秩序的维护有赖于这三种关系的成功解决。所以我热烈期望被赋予宪法制定任务的人士发挥他们的才智和远见。"[2]

1923年宪法等早期的几部宪法都没有得到实施,很多条文只是停留在

---

[1] L. R. O. Bavan, "China's Constitutions, IV", *CSPSR*, Vol 5, No. 3, pp. 223-224.
[2] V. K. Wellington Koo, "Some Aspects of China's Permanent Constitution", *CSPSR*, Vol.7, No.2, p. 185.

纸面上。清华大学政治学教授陈之迈在分析这一情况时指出了三点原因：一、过于理想化，脱离中国实际；二、脱离中国的生产力水平和经济水平；三、内忧外患，缺少稳定的政治环境。[1] 这三点应该说切中肯綮，令人深思。陈之迈题为《中华民国宪法草案》（Draft of the Constitution of the Republic of China）的论文发表于《学报》第18卷第四期。

---

[1] C. M. Chen, "Draft of the Constitution of the Republic of China", *CSPSR*, Vol.18, No. 4, pp. 540-541.

# 第三节 政治学研究

《学报》上关于政治学的文章大致可以分为两类：中国政治研究、政治思想史研究。

## 一、中国政治研究

中国政治研究可以分为中央政治研究和地方政治研究。首先值得注意的是清华政治系教授陈之迈对于监察院弹劾权的研究。1928年国民政府定都南京后，根据孙中山五权宪法的思想设立五院，其中监察院具有弹劾和审计两项功能。陈之迈的《监察院的弹劾权》（Impeachments of the Control Yuan,《学报》第19卷第三、四期连载）便是对前者的深入研究。他在文章一开始便指出，"五权宪法最独特的一点便是监察权的独立行使。"从1931年2月监察院正式运行到陈文发表的1935年底，若干起弹劾事件使监察院不断处于权力争斗的风口浪尖，其中令人瞩目的重大案件有弹劾立法委员史尚宽案、弹劾交通部已卸任司长庄智焕案、弹劾外交部长王正廷案、弹劾行政院长汪精卫案、弹劾军事长官张学良案、弹劾铁道部长顾孟余案等。以上案件均引起监察院内部动荡及行政部门的干涉。陈之迈认为，监察院的弹劾对象是违法或失职的公务人员。违法容易理解，但失职比较模糊，例如公务员不尽责，不能洁身自好，上级官员纵容、失察下属，挪用行政经费等等，都可以构成失职行为。但问题在于这些失职行为皆有现行法规可以应用。所以如果将违法行为做从宽解释，包括宪法及一切法律法规，那么违法以外实在没有另立失职一项的必要。陈之迈分析指出，监察院1931年9月三次弹劾当时的外交部长王正廷失职不是从法律出发，而是出于政治上的攻击。这种权力的扩张是相当危险的。另外，就监察对象来看，不仅包括公务员，也包括政务官。但弹劾政务官存在不少问题，因为政务官不但负法律上的责任，也负政治上的责任，如果检察院以失职为由追究政治上的责任，这在政治制度上是说不通的，因为所谓责任政府是行政机关对立法机关负责，而监察院并非立法机关，让政务官对其负政治上的责任是难以成立的。从实际情况来看，弹劾的效果也不理想，往往几个部门之间互相扯皮，最终不了了之。基于以上的分析，陈之迈认为应该缩小监察院的权力范围，使之成为一种补助机关，"一方面协助行政机关以实现廉洁政治；另一方面协助司法机关，在检察官员未能发现和处理案件的情况下由监察委员实施弹劾权。"[1]

在西方三权分立学说基础上增加考试权、监察权是孙中山的创造，对此陈之迈是相当认同的，但如何行使这两方面的权力则有很多讨论的余地。陈之迈这篇文章的价值在于系统地讨论了监察院弹劾权所存在的问题，对于民国政治学研究具有重要的意义。另外，就个人学术来说，陈之迈也实现了良好的转型。他1933年在美国哥伦比亚大学完成的博士论文《代议立法会的舆论问题》（Parliamentary Opinion of Delegated Legislation）完全是西

---

[1] C. M. Chen, "Impeachments of the Control Yuan, I", *CSPSR*, Vol. 19, No. 3, pp. 346-347; C. M. Chen, "Impeachments of the Control Yuan, II", *CSPSR*, Vol. 19, No. 4, pp. 522-524.

方政治学的论题，但回国后他便着手研究中国政治问题，并取得了骄人的成绩。

政治学是近代从西方传入中国的学术，中国有成就的政治学者几乎都有留学国外，特别是英美的背景。他们回国后不约而同地遇到了一个很大的问题——如何将在国外学到的知识与中国的实际结合起来。1929年蒋廷黻离开南开到清华任教，他这样描述清华人文社会科学发展所遇到的问题：

> 以政府组织为例，中国留美学生往往熟读政治思想、比较政府和地方政府等书籍。他们学成归国后可以在大学开课，像美国学者在大学中一样教授英国、法国、德国或者意大利政府。但是却没有一位中国学者能够教授中国政府，因为美国大学中没有这门课。再以市政为例：当时在清华有一位教授，教伦敦、巴黎、芝加哥和纽约市政，但他对天津、北平、上海等市的市政情形却一无所知。……就以上情形论，清华所教育的学生是要他们成为美国的领导人物，而不是要他们成为中国的栋梁之才。[1]

无独有偶。1931年由欧洲学者组成的国联考察团来中国调研，也批评中国大学的教学计划："若不参照中国之实际生活，反参照外国大学教学之情况，则民族文化必致堕落。仅有模仿而无独创之研究与思想，则其所产生之后一代人才，亦缺少适当之准备，不能各负其责，以解决中国当前之问题。"[2]

---

1 《蒋廷黻回忆录》，岳麓书社2003年版，第128—129页。
2 转引自金以林《近代中国大学研究》，中央文献出版社2000年版，第277页。

食洋不化，不能洋为中用，是留学生容易犯的毛病。陈之迈是最早意识到这个问题的政治学者之一，并实现了良好的转型。他回国后不久就开始搜集和阅读大量的中文文献，从法令、规章、文书档案到各种政府机关的报告，以期全面了解中国政府的运作情况。这也能从他的一篇书评中看出。1934年商务印书馆出版了一部名为《中国政府与政治》（Chinese Government and Politics）的英文著作，陈之迈在《学报》第19卷第二期（1935年7月）发表书评，认为该书最大的问题在于中文原始资料运用太少，作者只依赖有限的英文文献，而不愿意去查找和使用大量存在的中文资料，如《国民党指导下政治成绩统计》《立法院公报》《监察院公报》《考试院公报》《军政月刊》等等。另外作者只注意到已经公布和正在实施的规章制度，却没有注意到那些没有公布或者虽然公布但没有得到有效执行的法律文件，如《法院编制法》《预算法》《公务员任用法》等等，仅凭法律条文来研究政治现状显然是远远不够的，因为不注意法律实际执行情况"只会用美妙的字面迷惑读者，甚至造成错误的印象。"同样，对于各种数字不能只看字面，也要按诸实际。为此陈之迈举了一个有趣的例子："中国关于政府组织的法律告诉我们，国民政府委员为24—36人、立法委员为49—99人，监察委员为29—49人，……他们到底是多少人？对于像立法院这样的机构来说，人数的多少将有决定性的影响，而最少人数和最多人数之间的差距又是如此之大。下面公布我所了解的数字，对于读者应该是有助益的：立法院第一次会议是49人，第二次63人，第三次90人，第四次86人；监察院成立时是21人，后来增加至42人。"虽然《中国政府与政治》洋洋洒洒400多页，前面还有孙科的序言，但由于资料贫乏，所以在陈之迈看来，"该书没有增加我们对于中国政府的认识，它只是把中国立法者期望的中国政治做了一个概括，而没有告诉我们实际的政治状况是怎样的"[1]。

要了解中国实际的政治状况，不仅需要查看各部门和机构一手的文献资料，还需要实地走访和调查研究。在这方面，陈之迈的清华同事，也是民国时期研究中国地方政府的重要学者沈乃正是一个好榜样。除了大量的案头工作，他还于1936年对浙江江宁、兰溪两县做过周密的调查研究。他在《学报》第20卷第二期（1936年7月）上发表的《中国地方政府》（The Local Government of China）是其代表作，对民国以来的地方行政，特别是地方自治做了比较全面的研究。近代以来地方行政的一个重要发展就是对于自治的尝试。从清末政治改革开始，到民国五年（1916），各省的自治运动风起云涌，一方面倡议联省自治，一方面也倡议省以下各级的地方自治，但最终都因为各种纷扰而草草收场。1927年一向主张发展地方自治的国民党开始当政，地方自治迎来了一个新的机遇，其中政府主导的最主要的一项工作是制定各种自治法规，从《特别市组织法》《市组织法》开始，到后来的《县自治法》《县参议会组织法》《县参议员选举法》等，各种法规多达20余种。但这一套法规制定颁布后，在执行中遇到了很多的阻碍。追究其原因，最根本的一点是中国疆域广阔，各地区的经济文化发展水平差异很大，政策法规缺少弹性。此外，这些法规将地方的各级组织分为五级，并且每一级都有人民参加的机关，同时也由人民直接选举各级官员，这样就使自治制度过于纷繁复杂，各省由于条件的限制难以实行。基于以上情况，沈乃正认为，在地方自治制度没有确立以前，应该按照省县权限混同的传统政治习惯对于省和县的权限不加划分。这样可以同时发挥省和县的

---

[1] C. M. Chen, "Chinese Government and Politics by Chih-Fang Wu", *CSPSR*, Vol. 19, No. 2, pp. 289-292.

主动性,增加兴办事业的机会和效率。[1]

## 二、政治思想史研究

沈乃正在美国印第安纳大学和哈佛大学留学时的专业是国际法和政治学,都是西方的学问,但和陈之迈一样,回国后他开始研究中国政治问题,实现了良好的转型。从转型的角度来说,近代中国政治学人中最成功的应该非萧公权莫属。萧公权1926年在美国康奈尔大学完成的博士论文《政治多元论》(Political Pluralism)是对西方最新政治学说的考察,回国后他开始全力研究中国政治理论,很快成为这方面的领军人物。萧公权当过《学报》的主编,但在上面没有发表过正式论文,发表的都是书评,且五篇书评都和中国政治思想史有关,从中不难看出他对于这一领域的见解和思考。他的第一篇文章是评论曾友豪的《现代中国的法律和政治哲学》(Modern Chinese Legal and Political Philosophy),这是曾友豪1926年在美国完成的博士论文,分析了康有为、张之洞、梁启超、孙中山等人的政治思想。萧公权认为该书有一定的价值,但很多问题的讨论只留于表面,不够充分,只能作为一本向外国人介绍近代中国政治史的入门读物,在萧公权看来,作者对于中国政治的深层问题缺少同情之了解,全书对于中国近代以来政治情况的介绍与题目"法律与政治哲学"存在较大距离。[2]

相比于曾友豪的论文,萧公权对许仕廉《儒家的政治哲学》(The

---

[1] Nai-cheng Shen, "The Local Government of China", *CSPSR*, Vol. 20, No. 2, pp. 163-201.
[2] K. C. Hsiao, "Modern Chinese Legal and Political Philosophy by Tseng Yu-hao", *CSPSR*, Vol. 15, No. 3, p. 445.

Political Philosophy of Confucianism）一书的评价就要高多了，认为是近年出版的有关中国政治思想中最好和最有启发性的一本。但对于其中的一些观点萧公权并不完全认可，特别是许仕廉认为孔子思想中已经有了民主和代表制政府的成分。萧公权指出，如果仔细阅读儒家文献就会发现，孔子及其弟子认为老百姓是低于统治者的，而他们的低下（智力上，道德上）正构成了政治统治的基础。"民可使由之，不可使知之"（《论语·泰伯》）；"天下有道，则礼乐征伐自天子出；天下无道，则礼乐征伐自诸侯出。自诸侯出，盖十世希不失矣；自大夫出，五世希不失矣；陪臣执国命，三世希不失矣。天下有道，则政不在大夫。天下有道，则庶人不议"（《论语·季氏》）；"故其民莫敢托为奇辞以乱正名，故其民悫；悫则易使，易使则公。其民莫敢托为奇辞以乱正名，故壹于道法，而谨于循令矣。如是则其迹长矣"（《荀子·正名》）；诸如此类的话语构成了儒家的一个基本的认识。萧公权指出，在政治民主方面，孔子并不像许仕廉认为的那么先进，用林肯为人熟悉的术语来说，孔子仅仅是提倡"为民所享"（for the people），没有"为民所有"（of the people）的概念，更没有"由民治理"（by the people）的思想；"他敦促君主要把老百姓的福祉作为主要的考虑对象，但老百姓的意愿从来没有被认为是一种积极的政治力量，他们只是被动的受惠对象，只是智力上、道德上的依附者，而不是国家真正的主人。"[1] 同样，儒家"革命"的概念也不能用现代民主的意义来解释。因为对暴君发起革命不是一般老百姓的权利，而只是属于圣王，像商汤、周武才有资格根据天命推翻暴政。老百姓当然可以赞成，并给予支持，但如果说这样的革命体现了老

---

[1] K. C. Hsiao, "*The Political Philosophy of Confucianism by L. Shihlien Hsu*", *CSPSR*, Vol. 16, No. 1, p. 116.

百姓的民主愿望，就远离了事实。

对于留学生来说，转型的困难不仅在于知识结构的转换，还在于得到别人的理解。萧公权留美回国后执教于南开大学，1932年应清华政治学系主任浦薛凤之邀回母校任教，虽然对回到母校充满了期待，但萧公权初到清华政治学系的工作经历并不愉快，他后来回忆说：

> 在政治系的同人当中，逖生兄（浦薛凤）待我最好。他凡事为我设想……（钱）端升和（王）化成起初对我较为冷淡。我想或者他们觉得一个学哲学的人"半路出家"，混进政治系教课，不能和"科班出身"的政治学者一样看待。后来发现我对政治思想尚略知一二，也就把我算作"自家人"了。（张）奚若对我最初似乎有点疑忌。他在教室里对学生讲，中国没有值得研究的政治思想。言外之意，当然是任何人讲授中国政治思想，无异于捕风捉影，大言欺人。[1]

萧公权入职清华时，政治学系已有四位教授：浦薛凤、钱端升、王化成、张奚若。四人当中只有浦薛凤对他友善，其余三人或是"冷淡"，或是"疑忌"。其实就出身来说，萧公权虽然毕业于康奈尔大学哲学系，但主攻方向是政治哲学，并非"半路出家"，他遭遇冷淡和疑忌更重要的原因在于他教授的"中国政治思想史"这门课程，在当时是不被认可的。

好在萧公权没有理会同事们的冷言冷语，埋头自己的研究，他确信，"中国不特有其政治思想，且其思想亦具有不可否认之价值。其异于欧美者

---

[1] 萧公权《问学谏往录》，黄山书社2008年版，第97页。

不在价值之高低，而在性质之殊别"。[1] 经过多年努力，他于 1940 年完成了《中国政治思想史》初稿的编写工作，1945 年，萧著由教育部审定为"部定大学用书"，交由商务印书馆刊行，该书一经出版便被奉为经典。20 世纪 70 年代，美国学者牟复礼（Frederick W. Mote）又将该书译成英文，此后一直是西方学界研习中国政治思想的必读书。萧公权的研究为中国政治思想史这一学科方向的确定奠定了坚实的基础，更为政治学中国化做出了突出的贡献。1948 年他当选为中央研究院首届院士就最好地证明了这一点。

以上主要讨论的是古代的中国政治思想，在当代中国政治思想方面，崔书琴 1934 年的哈佛大学博士论文《广州—莫斯科协定对孙中山政治哲学和革命方略的影响》（The Influence of the Canton-Moscow Entente upon Sun Yat-sen's Political Philosophy and Revolutionary Tactics）是最值得注意的，该文分四次在《学报》连载（第 18 卷第一、二、三期，第 20 卷第一期）。[2]

崔书琴的博士论文分两大部分。第一部分重点论述共产主义对孙中山政治哲学的影响。作者首先分析了《孙文—越飞协定》签订时中苏双方的政策考虑，"苏联认为支持国民党将有助于实现其世界革命的目标，孙中山相信与苏联结盟对中国革命十分有利，《孙文—越飞协定》构成了广州—莫斯科协定的基础"[3]。此后崔书琴分别围绕民族、民权、民生三大政策展开分析，深入考察共产主义对孙中山政治哲学所产生的影响。在民族主义方面，崔书琴讨论了布尔什维克的民族、国家和殖民观念，认为虽然布尔什

---

[1] 萧公权《中国政治思想史》（1945），商务印书馆 2011 年版，第 877 页。
[2] 以下关于崔书琴的论述参考了张连义《民国时期留美生的孙中山研究——以崔书琴博士论文为中心的考察》，《民国研究》2016 年第 2 期。
[3] Shu-chin Tsui, "The Influence of the Canton-Moscow Entente upon Sun Yat-sen's Political Philosophy: I, the principle of nationalism", *CSPSR*, Vol. 18, No. 1, p. 96.

维克主义对孙中山的民族主义和反帝主义有巨大的影响，两者都以国际主义为最终目标，但是区别也相当显著，布尔什维克主义以全球帝国主义作为斗争目标，而孙中山仅将在华的帝国主义视为其民族思想的目标，所以"孙中山虽然强调中国革命中的反帝成分，并接纳共产党，但是他从未真正接受布尔什维克对帝国主义的分析"。[1] 在民权主义方面，崔书琴认为孙中山的训政与无产阶级专政不同，其根本区别在于"孙中山是为了实现民主，而无产阶级专政是为了实现共产主义社会"。[2] 此外，崔书琴从实践和学理两个层面分析了民生主义的含义、三个阶段发展演变、大同世界和民生史观的哲学基础及平均地权、节制资本等实践措施，最终得出结论认为，"孙中山不是一个马克思主义者，认为民生主义就是共产主义是没有根据的。"[3] 论文的第二部分主要论述了苏联对孙中山革命策略的影响，主要从孙中山改组国民党、容共政策和广东政府的政治、军事与教育改革三个方面展开论述，分析了国民党改组运动在党员管理、各级党组织和基层党组织建设、党的纪律、民主集中制、宣传工具的运用等方面对苏联的借鉴。崔书琴以黄埔军校对苏联红军党代表制的借鉴、建立中央政治学校和广东大学为例，认为"广州—莫斯科协定"最直接的影响在于对广东政府的政治、军事和教育的整顿。通过以上论述，崔书琴得出结论，认为共产主义对孙中山革命策略的影响是巨大的，而对其政治哲学的影响则微乎其微，"有关改组国

---

[1] Shu-chin Tsui, "The Influence of the Canton-Moscow Entente upon Sun Yat-sen's Political Philosophy: I, the principle of nationalism", *CSPSR*, Vol. 18, No. 1, p. 98.

[2] Shu-chin Tsui, "The Influence of the Canton-Moscow Entente upon Sun Yat-sen's Political Philosophy: II, the principle of democracy", *CSPSR*, Vol. 18, No. 2, pp. 192-193.

[3] Shu-chin Tsui, "The Influence of the Canton-Moscow Entente upon Sun Yat-sen's Political Philosophy: III, the principle of livelihood", *CSPSR*, Vol. 18, No. 3, pp. 345-355.

民党、接纳共产党和建立黄埔军校的诸多举措均源于孙中山自身的想法，是在与苏联合作之前就已经谋划好的。"[1]

总体来看，崔书琴的论文深入分析了第一次国共合作时期孙中山在政治哲学和革命方略方面与苏联布尔什维克主义之间的互动。该文的最大特点在于史料翔实，且十分注重史论结合。该文不仅传播了孙中山的思想，也在资料的丰富性和论述的深刻性上大大超越了此前的相关著作，[2]代表了当时孙中山思想研究的最高水平。

---

[1] Shu-chin Tsui, "The Influence of the Canton-Moscow Entente upon Sun Yat-sen's Revolutionary Tactics", *CSPSR*, Vol. 20, No. 1, p. 132.
[2] 如林百克父子《孙逸仙与中华民国》、美国学者威廉（Mauric William）的《孙逸仙与共产主义》等。参见尚明轩《民国时期的孙中山研究》，《学术月刊》2003年第4期。

# 第四节 经济学研究

## 一、关于《上海工业化研究》的争论

对于近代中国来说，实现经济现代化的关键是工业化。对于这一问题，《学报》上刊登的第一篇重要文章是刘大钧的《中国实业变革论》（The Industrial Transformation in China），这是刘大钧留美回国后发表的第一篇论文。该文研究了中国工业化的原因、现状及改进办法，将德国门格尔（Karl Buecher）和李斯特（Frederick List）的国民经济理论应用于研究中国工业化实践。文章指出，工业化直接关系到人民物质和精神生活水准的提高，衣食足而知礼仪，在中国这样的古老国家，农业经过长期的发展达到了精耕细作的极限，出现了边际效用递减，资本、土地、劳动力的回报越来越低，要靠农业提高人民的生活水平几乎是不可能的，出路只有发展工业。另一方面，工业化还关系到在国际激烈的经济斗争中国家的生存和独立，一个民族不可能因工业不发展长期依赖贸易逆差和外资流入。刘大钧认为，中国历史发展也将会跟西欧一样，从家庭经济到城市经济再到国民经济，而国民经济阶段就是工厂制度和公司制度为主的工业化社会，这是人类经济发展的必然。

《中国实业变革论》发表于《学报》第一卷第四期（1916年12月），是刘大钧研究中国工业化的第一篇文章,也是中国近代经济学家研究工业化的第一篇重要论文。此前,康有为、梁启超、孙中山均有提及,但不明确。何廉、方显廷在1920年代末开始研究工业化,其他大部分学者主要是在抗战后才开始关注此问题。刘大钧在1943年指出:"二十五年以前,笔者即主张我国必须工业化,并作文加以鼓吹,嗣后对此问题之研究与讨论,未尝或懈,在初国人多未加注意,然自抗战军兴,工业化之需要乃深入人心,而政府且定为国策焉。"[1]以论著发表的时间和内容而论,刘大钧无愧为中国近代经济学界研究工业化的先驱。

刘大钧从留学时代起就关注工业化,经过多年研究后的重大成果是20世纪30年代问世的《上海工业化研究》。对于该书的缘起,刘大钧在"自序"中写道:"上海工业化研究开始于民国二十年(1931)五月。当时著者因担任太平洋国际学会中国研究干事,向该会募得捐款,委托中国经济学社担任其事。学社推选九人,成立研究委员会,而使著者为主任委员,与其他五机关合作,将上海华商工厂作一详细调查,曾于二十二年(1933)七月出版初步报告及上海缫丝业特别报告各一册皆英文。嗣欲另捐款,举行第二次调查,适中国统计学社亦愿参加,遂与中国经济学社合设中国经济统计研究所,由统计学社加推研究委员数人,成立两社合组之委员会,而以著者为委员长兼研究所所长。二十二年(1933)乃向中山文化教育馆及政府机关商洽,获得现款之协助,而完成第二次之调查焉。本书系根据两次调查,及数年研究之所得,一面由中国经济统计研究所以英文发表,一面则用中山文化教育馆丛书名义,将此册由商务书馆代为出版。"[2]可见,

---

[1] 刘大钧"序",褚葆一《工业化与中国国际贸易》,商务印书馆1945年版。
[2] 刘大钧《上海工业化研究》(1940),商务印书馆2015年版,第vii页。

刘大钧在动笔之前,已经在申请资助、组织团队、调查研究等方面做了大量工作。

刘著首先以 The Growth and Industrialization of Shanghai 为题于1936年出版英文本,四年后(1940)中文本问世,内容和英文本基本相同。作为近代上海工业化研究的权威著作,两书出版后不断被国内外学者参考引用,影响深远。2015年双双被收入商务印书馆"中华现代学术名著丛书",是这套高规格丛书中享此殊荣的少数几种之一。

刘著英文本刚一问世,就好评如潮。1940年中文本在末尾专门开列了"本书英文本之书评"八则。第一则来自美国驻华商务参赞安诺德(Julean Arnold):"中外工商界应阅读此书,因其内容极为丰富,可使彼辈明了中国目前经济发展之趋势也。"另外英文《大美晚报》(Shanghai Evening Post and Mercury)指出,"著者对于上海贡献极大。此书可为上海工业界计划改进之唯一根据。"[1]中文报刊的书评同样充满了赞美之词。

众口一词说好或说坏的情况固然有,但并不多见,特别是对于新生事物。就在刘著英文版问世不久,《学报》第21卷第一期(1937年4月)发表了曹励恒的书评,[2]对于刘著大加攻击,甚至可以说是恶评,对此刘很快给予了回应。这一来一往的交锋,此前从未有人关注过,值得做一番介绍。

书评一开头,曹励恒首先表示刘著是值得欢迎的,因为"全面讨论中国工业化问题,特别是上海工业化问题的英文著作此前难得一见。"但这开头的恭维显然只是虚晃一枪的客套,此后的文字中就再难找到正面的评价

---

[1] 刘大钧《上海工业化研究》(1940),商务印书馆2015年版,第471页。
[2] 曹励恒早年毕业于东吴大学,后在南京国民政府经济和外交部门任职,1947年后移居美国。他出版过一部英文《中国城市》(Chinese Cities: A Geographical Reader, 1931)。

了。除了一些细节问题，曹认为刘著存在三大问题。一、篇幅不平衡："该书的后半部分是大量关于上海工业的统计数据，这些数据此前很少被集中在一起，颇为有用。但是对于一般读者来说，布局显然有些不平衡，该书前半部分只有186页，而后半部分统计则是280页。"而且，"这些数据对于研究者来说也并不稀奇，都是可以获取的。"二、署名问题："从作者'自序'可以看出，该书是由很多人一起完成的，'自序'写道：'两次调查皆由张君宗弼协助著者，担任计划、指导等工作，而担任实地调查者则有郭君锡昆、吴君德麟及本所与合作机关之调查员共30余人。'所以，将该书的作者写成一个人是错误的。说该书由刘大钧主编（edit）或编著（compile）应该是更合适的。"三、全书无明确结论："工业调查不只包括资金投入、雇佣工人数，锭子、机器等的数量，这些是次要的问题。一个研究者应该做得更深入，追问为什么是这样。他应该给出所有的理由，如果能建立一个理论就更好了。"[1]总之，在曹励恒看来，这是一本由多人合作进行调查，然后将相关数据进行统计归纳后形成的一本编著。

对于这样的评价，刘大钧当然无法接受。他在反驳文章一开头写道："作为研究者，笔者自然欢迎有理有据的批评，因为只有这样学术才能进步。但曹先生的评论有失公允，所以必须要回应。"曹指出的三大问题中，署名显然最为关键，刘首先给予了正本清源的答复："本书是一份研究报告（research report），曹先生对此显然不明就里，所以批评我不应该作为全书的作者，而只是一个编者。研究报告的基础是收集大量的一手数据，不可能完全由一个人来完成。同样，也从来没有人把收集数据、计算数据的

---

[1] L. E. Tsao, "*The Growth and Industrialization of Shanghai by D. K. Lieu*", *CSPSR*, Vol. 21, No. 1, pp. 138-140.

助理人员称为一份报告的作者（writer）。作为本书的作者，我所承担的工作是指导调查的开展和相关数据的计算，以及分析这些数据得出结论。这不只是名分的问题，更是责任的问题。如果只是署名'编者'，那是在逃避我的责任。因为本书中的所有分析、解释和结论都是我做出的，而不是我的助理或同事。"对于书中各种数据的来源，刘大钧也严正地指出，除了利用上海市社会局1928年、1929年、1934年已经公布的资料之外，1931年、1933年的调查数据"是第一次在本书中出现，也只为本书所使用。"这就反驳了曹的谬论，认为这些数据没有什么稀奇，任何研究者都可以获取。对于问题三，刘同样给予回击："曹先生批评我没有给出数据背后的理由，没有得出有价值的结论。我怀疑他是否通读过本书，还是只翻了翻书后的表格，算了算它们占据了多少篇幅。哪怕只是大致翻一下，也会发现本书第八章就是《结论》，对于前文的数据和事实都给出了解释。从书中随意挑几个段落来吹毛求疵，当然比阅读全文要容易得多。"[1]

从刘大钧的回复来看，曹励恒并没有细读全书，而评论则明显带有恶意。对于这样的来者不善，刘的言辞也相当犀利，有时甚至是尖刻，比如在一处使用了"比一钱不值还要糟糕"（worse than worthless）这样的字眼。

从1915年留美归国以来，刘大钧一直是经济学界最活跃的学者，尤其以运用统计方法著称。不论是对各种经济资源的考察，还是对农业经济、工业经济、城市经济的研究，他都十分重视科学的调查方法和分类方法，以获取研究所需资料。他指出："各国重要统计，都已搜集多年，所以能做到精心的统计学研究。我国连土地、人口两种根本统计尚且不完备，何能

---

[1] D. K. Lieu, "Growth and Industrialization of Shanghai: A Rejoinder", *CSPSR*, Vol. 21, No. 2, pp. 282-284.

谈到高深的问题。我国现在所需的,是统计学中所需要的原始材料。"[1]正是采用严密的统计方法,使得刘大钧的研究成果客观而富有说服力。他此前的中英文著作China's Industries and Finance（1927）、《我国佃农经济状况》（1929）、《外人在华投资统计》（1932）等在学界享有很高的声誉,被公认为我国现代经济学的开创者之一。刘大钧一向为人谦和,但是士可杀不可辱,针对自己著作的被辱没,他也只能反唇相讥了。

曹、刘的文章发表于《学报》第21卷第一期和第二期（1937年4月、7月）。前文介绍过,《学报》设有专门的书评栏目（Book Reviews）,对国内外最新出版的英文（间或也有中文）著作进行评论。但在前后两期连续发表书评和回应的情况却很少见。虽然不少书评言辞犀利尖锐,但作者的态度还是与人为善的,观点也有理有据,至少自圆其说。曹文那样的恶评几乎是绝无仅有的一篇。

如果我们仔细阅读《上海工业化研究》,就会发现,曹励恒的意见是难以成立的。刘著不仅有《结论》（第八章）,就是前面的七章,也在列举、排比各种数据的同时不断发表评论。比如第二章中把上海工业发展分为七个时期（军用工业时期、商品工业时期、外人兴业时期、政府提倡时期、民营进展时期、官民合作力求进展时期、衰落时期）,本身就是一个理论贡献。在分析民营进展时期的机遇时刘大钧写道:"民国三年欧战爆发,欧美商品来源断绝,翌年日货又以二十一条之要求而受国人之抵制,因此国内市场几为华商所独占。迨战事告终,欧美经济极度衰落,非特不能运销其产品于远东,且有多量日货运往欧洲,因此中国市场更少洋货之竞争。民国八年,五四学生运动打倒安福系,复引起抵制日货,又使日货不能立足于中国市场。此等

---

[1] 龚鉴尧《世界统计名人传记》,中国统计出版社2000年版,第373页。

情形均予我国工业发展以莫大机会。是时新厂设立者日有所闻。"[1]又如分析上海小规模工业发展的动力因素:"上海电力供给充足,而价亦低廉,故应用电力之工业居大多数,此亦足以促进小规模之工厂。盖购买原动力机器,成本当然较高;小规模工厂如仅购买少数马达,租用电力,从事制造,自较为经济。且所有机器未必全开,在使用一部分之时,所费动力亦可随之减少,此与工厂方面便利甚多。故上海工厂适用电力占全数原动力之大部分。在1931年所用动力马力总数为158,389万马力,而其中90,214万马力系租用电力,约占60%。在1933年,原动力总数为179,077万马力,而其中108,782万马力为租用之电力,亦合60%左右。此可见上海应用电力之普遍,与小规模工业所以发展之故。"[2]应该说,这些分析都是很中肯、很精彩的。而且无论是细小的数字,还是宏大的背景,刘大钧都能驾驭自如,显示了淳厚的学术功力。

书后众多的分析表格同样价值很高。如果完全让一个人来做,确实很难,也没有必要。学术工作本来就是可以分工协作的。另外前人的成果也可以充分利用。近代中国最主要的工业部门是棉纺织业,上海又是最大的中心,所以刘大钧在撰写《上海工业化研究》时就重点参考了方显廷的名著《中国之棉纺织业》(1934)。方是民国时期另外一位重要的留美归国经济学家,曾长期执教于天津南开大学。他在原始经济数据的收集和整理方面和刘大钧一样用力甚勤,但他同样不是单打独斗,而是有一支坚强的团队,这只要看他为《中国之棉纺织业》所写的"序"就明白了:"此项调查之进行,系由王恒智、杭蕴章、李省三、权裕源、王社五、王铨、尚端良

---

[1] 刘大钧《上海工业化研究》(1940),商务印书馆2015年版,第16页。
[2] 刘大钧《上海工业化研究》(1940),商务印书馆2015年版,第75—76页。

诸君负责。同时承天津裕源、恒源、华新、北洋诸纱厂，予以调查之便利，所得赞助之处甚多。书中计算工作，多赖胡毓鼎、林成栋、李晋元三君之力；图表之绘制，则出诸严子祥、胡元璋二君之手，而吴大业君指导之力居多。关于天津诸纱厂账目之分析，多承本校商学院前会计系教授姚仲年、连铸九二先生之助。"[1]如果按照曹励恒的逻辑，方显廷也只能作为这本书的"编者"了。其实，手边这么好的一则材料，刘大钧在反驳曹关于署名问题时是完全可以利用一下的。

## 二、《中国之棉纺织业》

上海固然是中国工业化的核心，但不是全部。在中国北方，天津是另一个重要的工业中心，在那里活跃着一位重要的经济学家，就是前文提到的《中国之棉纺织业》的作者方显廷。从1929年回国到南开大学工作，到1937年抗战全面爆发，他以南开经济研究所为基地，对以天津为中心的中国北方的工业发展做了深入细致的研究。《学报》上发表了他的多篇论文，其中《河北省的工业化与劳工》（Industrialization and Labor in Hopei）一文对以天津为中心的地毯工业、人造丝业、针织工业、磨坊业、食品业、制鞋业等做了全面深入的研究。在工业化问题上，方显廷对天津的研究和刘大钧对上海的研究可以说是交相辉映。

南开大学经济研究所是在何廉的领导下建立的。南开大学自1919年建立以来，其创建人张伯苓一直非常重视商科的发展和商科人才的培养。创立初期的南开只设文、理、商三科，其中商科包括银行财政、内外贸易、

---

[1] 方显廷《中国之棉纺织业》（1934），商务印书馆2011年版，第2页。

商业组织三个学系，同时在文学院另设有经济系。[1] 1926年，张伯苓聘请留美归国的经济学博士何廉"任商学院教授，担任统计学、经济学原理、财政学、公司理财学等课程的教学任务，"并决定"将文科之精力集中于政治、经济两系，训练政治、经济之人才，以应现实中国之需要。"[2] 1927年在何廉的建议下南开设立了经济研究所，以中国经济研究和经济学中国化为主要目标。自1927年9月创立至1949年1月天津解放，南开经济研究所的发展可分为四个时期：一、初创时期（1927年9月至1931年4月）；二、繁荣时期（1931年4月至1937年7月）；三、重庆时期（1937年7月至1946年12月）；四、战后时期（1946年12月至1949年1月）。[3] 在何廉、方显廷等学人的共同努力下，南开经济研究所成为民国时期公认的中国经济研究的权威机构，其研究成果享誉中外。

用何廉的话来说，南开经济研究所的建立开启了"第一个中国私人机构的有组织的研究工作。"[4] 何廉认为以前关于中国经济的著作都存在数据不足的问题，所以从一开始就强调实地调查的重要。方显廷1929年加盟南开后，非常认同何廉的主张，同时他在美国时受过统计方面的训练，所以做起来驾轻就熟。方显廷的第一个调查是关于天津的地毯业，他后来回忆说："我发现为三四年级学生讲授好三小时的经济史课程不难，但是要充分准备一份关于天津地毯工业的报告却需要投入大量的时间。"尽管这项研究在方显廷动手之前已由南开的其他研究人员做过，但在方显廷看来"所收集到

---

[1] 王文俊等选编《南开大学校史资料选（1919—1949）》，南开大学出版社1989年版，第32页。
[2] 《何廉回忆录》，中国文史出版社1988年版，第69页。
[3] 易仲芳《南开经济研究所"经济学中国化"研究（1927—1949年）》，华中师范大学出版社2015年版，第50页。
[4] 《何廉回忆录》，中国文史出版社1988年版，第69页。

的情况完全不够充分，我不得不多少重新开始这一工作。首先，对这一工业进行概括的了解；然后，到天津不同地区亲自去参观那些用手工编织地毯的作坊。"[1]正因为有了详细而认真的调查，方显廷才完成了一系列扎实的著作。

方显廷的研究并不局限于天津。前文提到的《中国之棉纺织业》不仅是他个人的代表作，也是近代中国经济学的代表作。该文的英文版（Cotton Industry and Trade in China）曾刊载于《学报》第16卷第三期（1932年10月）。棉纺业不仅是中国最主要的传统手工业，也是中国现代产业中最重要的工厂工业。除天津、上海之外，近代中国的棉纺织中心还有江苏无锡、南通、湖北武汉、山东青岛。因此方显廷决心对全国的棉纺织业做全面的研究，而这样的著作在之前很少，同时也比较粗浅，包括刘大钧的《中国的棉纺工业》（China's Cotton Industry）。

方显廷在文中首先指出，1890年李鸿章在上海创办机器织布局是中国棉纺织业的开端，从那时开始，中国的棉纺织业可以分为四个时期：1890—1904，1905—1913，1914—1925，1925年之后。在第一期中国自设机器纺织厂开始出现，并发展至17家。1905年日俄战争结束后，远东的经济形势有了起色，中国也从义和团运动的乱局中得到恢复，第二期内增加棉纺织厂13家。1914年第一次世界大战爆发，为中国棉纺织业开辟了一个新纪元，因为这时外货来源断绝，本国企业获得兴隆获利的机会。这一时期全国纱厂增加到87家。1925年以后中国棉纺织业进入衰退时期，因为五卅事件的发生，引起上海等地纱厂罢工风潮（1924年只发生两次，1925年达38次，1926年高达78次），所以新厂创设为数甚少。在对历史做了清晰的勾

---

[1]《方显廷回忆录》，商务印书馆2006年版，第71页。

勒之后，方显廷从棉花的生产与贸易、棉纺织品的制造与销售、中国纺织业之劳工、中国纺织业之组织、中国手工棉织业、中国棉纺品之进出口贸易等六个方面对中国棉纺织业做了全面深入的研究。总结部分则探讨了中国棉纺织业的世界地位和发展阻力。关于前者，方显廷指出："1914年欧战爆发以来，中国棉纺织工业发展极为迅速，以纺锤增加率论，世界主要棉纺织业国家当中，当推中国纺锤增加最快。如将1913年的纺锤数定为100，到1931年中国的指数增至397.25，而同时期日本的指数为312.65，印度为149.98，法国为138.57，意大利为116.22，美国为105.84，其他国家的指数还有减少的，如俄国为99.27，英国为98.71，德国为96.89。如果从全球来看，1913—1931年期间的增加率为14.03%，而中国在此期间的增加率竟达297.25%，比全世界的总增加率高出20倍以上。"[1]另外再从棉织机来看，"自1914年大战发生以来，中国棉织机的数目也和棉纺锤数一样增加极快。如以1913年中国棉织机9,389架为基数100，那么1925年的指数为312，该年有棉织机29,272万架。这一项增加的速率为各国所不及，即使是日本和印度也无法和中国相比。"[2]由这些数字可知，中国棉纺织业发展的前途是很远大的，但阻碍其发展的因素也存在。方显廷认为，最大的阻碍为"目前政治的混乱状态，内战延绵，赋税增高，运输不定，棉产区域减小，以及战区市场闭塞。"至于经济方面的原因，方显廷认为有三点：资本缺乏、管理不良、劳工效率低。其中"资本缺乏为阻碍华商纱厂发展最重要的经济原因。"在文章的最后，方显廷对中国纺织业的未来表达了喜忧参半的态度："国内华商纱厂遭受政治混乱的损失最为严重，而外商纱厂因其特殊的

---

[1] H. D. Fong, "Cotton Industry and Trade in China", *CSPSR*, Vol. 16, No. 3, p. 411.

[2] H. D. Fong, "Cotton Industry and Trade in China", *CSPSR*, Vol. 16, No. 3, p. 417.

条约地位所受影响较轻。在经济原因方面，外商纱厂几乎不受任何束缚和阻挠。而华商纱厂则处于两重竞争压力之下，一是必须与进口棉纺织物品竞争，二是必须与国内的外商纱厂产品相抗衡。所以欲求中国纺织业的发展，首要任务在于结束内战，消除政治阻力，然后其他的经济因素，如资本缺乏、管理不良，以及劳工效率低微等才可以解决。但鉴于目前情势，不仅外有强邻入侵，内有党派暗斗，所以中国棉纺织厂，特别是华商纱厂，仍然处于不稳定的地位，维持原有规模已感困难，遑论发展？但也必须看到，近年金价飞涨，进口货物以银价计算，其价格几乎增加一倍以上，在这样的情形下，国产棉纺织品或可兴起，取进口棉纺织品而代之。"[1]

《中国之棉纺织业》作为首部系统研究这一工业部门的著作，不仅资料翔实，分析透彻，更开创了用计量方法研究中国社会经济问题的先例，文中大大小小数十个表格构成了近代中国棉纺织业最完整的调查报告，用方显廷自己的话来说，"通过数字的收集、编纂和分析，以数量来表示国内的经济情况。"[2]

从刘大钧、方显廷这两位最有代表性的经济学家的著作来看，他们都是希望中国早日实现经济现代化，也就是工业化。

在其他方面，《学报》上值得注意的文章还有徐堭的《有关中国铁路联通问题的会议》（Through Traffic Conference of the Chinese Government Railways）、邓贤的《论保险》（The Case for Insurance）。徐堭是哥伦比亚大学博士（1915），是最早研究运输经济的留美学人，邓贤则是最早研究保险的留美博士。他们的论文在各自领域均有开创之功。

---

[1] H. D. Fong, "Cotton Industry and Trade in China", *CSPSR*, Vol. 16, No. 3, p. 424.
[2] 《方显廷回忆录》，商务印书馆2006年版，第79页。

# 第五节 社会学与教育心理学研究

## 一、社会调查

在社会调查方面,最值得关注的是陶孟和的工作。《学报》第 13 卷第一期(1929 年 1 月)发表了他的《北京的手工业者》(Handicraft Workers in Peking,1928 年 11 月 23 日在学会会议上宣读)。中华教育文化基金会调查部成立后的第一项工作就是调查北京手工业家庭。[1] 在陶孟和的领导下,从 1926 年 7 月到 1927 年 3 月四位调查员用了八个月的时间调查了 500 个家庭,满汉各占一半,行业包括人造花、玩具、挑花毛线、牙刷、织袜、火柴盒等手工业。调查发现,这 500 户家庭共有 2461 人,其中 1205 为男性、1256 为女性,除去未成年和没有技能的人,共 1639 人从事劳动,其中男性 783 人、女性 856 人。值得注意的是,真正从事手工业的男性只有 198 人,而女性为 803 人,远远多于男性。因此一个很明显的结论是,在家从事手工业的主要是女性,造成这一现象的原因在于北京这样的城市女性即使愿意也基本无法在家庭之外找到工作,而贫困的生活迫使她们必须做一些家庭手工业来养活自己和补贴家用。

---

[1] 中华教育文化基金会是 1924 年成立的专门机构,主要任务是保管、分配、使用美国退还的第二次庚子赔款约 1250 万美元。1926 年 7 月 1 日成立调查部,陶孟和任主任。

机器的使用波及各个行业，受到冲击最大的是手工业，也正是在这样的背景下这些家庭的生活状况成为调查的主要目标之一。根据家庭年收入500个家庭可分为五组：一、100元以下，108家；二、100—200元，274家；三、200—300元，80家；四、300—400元，30家；五、400元以上，八家。全部平均为一年162.06元，其中157.50元或者97.2%来自劳动所得，其他2.8%来自租金和亲友赠送，但后者基本可以忽略不计，因为不仅微不足道，而且也不稳定，所以收入主要来自劳动所得。值得注意的是，在这一年收入的157.50元当中，只有68.61元来自手工业，其余的88.89元来自成员从事其他工作。这样算下来，只有42.3%的家庭收入来自手工业。从这个意义上来说，手工业家庭是名不副实的，因为家庭收入中只约2/5来自手工业。

从消费来看，500个家庭平均一年的支出是164.77元。值得注意的是，这超过了一年总收入2.71元。家庭消费主要在五个方面：一、食物：101.03元；二、房租：18.72元；三、衣服：6.52元；四、煤电水：22.22元；五、其他：16.29元。

其中，食物占据了61.3%，房租11.4%，衣服4%，能源13.5%，其他9.9%，和此后陶孟和团队对48个工人家庭调查所得数据相比，食物占比稍低，反映了稍高的生活水平。这是恩格尔系数在中国最早的应用。

在500个家庭中，934人从事手工业，就每天的平均工资来看，最高为制花，其次为玩具，最低为牙刷。由于收入比较低，调查发现500个家庭中299家需要申请救济，其中大部分申请为30天以内。

根据以上的一系列数据，陶孟和得出以下结论：一、手工业不足以成为一个正当职业，除了制花和玩具的收入足以谋生外，其他行业无法养家糊口，因此大部分手工业家庭需要依靠成员从事其他工作。二、显然这个职业和从业者存在不少问题，导致问题的原因很多，最主要的是机器化生产，除了具有高度艺术价值和不能用机器制造的产品，其他均没有竞争力，如牙刷、制鞋、火柴盒等。陶孟和在文章最后指出，对人的劳动来说，机器是人类自使用火以来所面临的最大冲击。"根据最近北京公安局代表慈善组织所做的调查，今年冬天有 146,845 人是赤贫，109,147 人是贫穷。可以相信，手工业者占了其中不小的部分，但靠救济是不能彻底解决问题的。我们需要对这个国家的社会经济情况做出改善和调整。在社会转型时期，手工业者不得不做出牺牲。"[1]

陶孟和是近代中国最早的职业社会学家，他 1914 年从英国留学归来，协助蔡元培改革北大，是新文化运动的领袖之一。1918 年 3 月，陶孟和在《新青年》第四卷第三号发表《社会调查》一文，批判传统治学方法，提倡实地调查，并且身体力行，成为最早从事社会调查的中国社会学家。沿着同样的思路，他在《学报》第九卷第一期（1925 年 1 月）上发表了《小议中国社会学文献》（A Note on the Bibliography of Chinese Sociology），对足不出户、皓首穷经的学术路径提出了尖锐的批评。

陶孟和不仅是实地调查最早的提倡者、实践者，同时也是最早的社会调查组织的领导人。他很早就认识到，要得到精确的社会调查结果，必须投入大量的精力并使用科学的方法，个人研究往往无法满足这一要求，必须依靠有组织的专业机构。在 20 世纪二三十年代，社会调查运动在国内已颇具声势，许多个人或团体投入其中，"可是大多数调查的结果不见得有什

---

[1] L. K. T'ao, "Handicraft Workers in Peking", *CSPSR*, Vol. 13, No. 1, pp. 1-11.

么成绩，好像在继续不绝的雷声里所见的不过是几个雨点。"[1] 以北京家庭手工业调查为例，调查中所使用的表格就有 250 个问题之多，四名研究员花费五个月调查 500 户家庭之后，单是整理所得材料就用了四个月。这是凭借个人之力难以完成的。

值得注意的是，有关中国的社会调查不只中国人做，外国人也做，而且比中国人还早。《学报》上刊载的外国人的调查报告中，最重要的是 1922 年戴乐仁（J. B.Tayler）和马伦（C. B. Malone）组织北京九所大学的 61 名学生对河北、江苏、安徽、山东、浙江 240 个村庄进行的调查，这个调查比陶孟和领导的对北京手工业家庭的调查早了四年。

社会学和社会调查就像法学、政治学一样，都是由西方引入中国的。就农村调查来说，在科学的社会调查兴起之前，外国传教士曾以亲身见闻对中国农村作过系统的描述，其中美国传教士明恩溥（Arthur S. Smith）的著述最有影响，他在山东、天津、通州等地传教四十余年，1899 年出版了《中国乡村生活》（Village Life in China），倍受中国学者推崇。另一位美国学者凯恩（F. H. King）1909 年 2—6 月间先后考察中国、朝鲜、日本的农村经济和农民生活，1911 年出版了《四千年的农民》（Farmers of Forty Centuries or Permanent Agriculture in China, Korea and Japan）一书，其中大部分反映的是中国农村的状况，包括香港、广西、广东、山东、河北、辽宁等地。这些作品可以算作外国人调查中国农村的萌芽。就严格意义上的中国农村调查而言，外国人仍是先行者。最早的中国农村调查始于 1914 年清华学校社会科学系教授狄特摩尔（C. G. Pittmer）指导学生对清华园附近 195 个农户所进行的调查，1918 年以《中国生活标准蠡测》（An Estimate of

---

[1] 李景汉《社会调查应行注意之点》，《现代评论》1927 年，第 5 卷第 118 期。

the Standard of Living in China）为题发表。此后是上海沪江大学教授葛学溥（D. H. Kulp）指导的广东潮州凤凰村调查，这是他于1919—1920年组织该校社会学系学生进行的，调查成果为《华南乡村生活：家族主义的社会学》（Country Life in South China: The Sociology of Familism, 1925），这是国外学者第一次对中国乡村社区所做的比较全面的调查。[1] 此后的调查就是1922年夏慈善组织华洋义赈会邀请燕京大学经济系教授戴乐仁和马伦组织北京大学生所做的调查，其成果以《中国农村经济研究》（The Study of Chinese Rural Economy）为题刊登在《学报》第七卷第四期和第八卷第一期上。

　　1922年6月的这次调查内容涉及人口（包括人口密度、年龄和性别的分布、出生率和死亡率、迁移情况等）、家庭规模和构成、住房、土地（包括土地的大小、产权和改良）、当地工业、家庭收入来源等。由于调查是在暑期进行的，天气炎热、洪水多发，加上各地土匪猖獗及食物短缺等原因，使有些村镇的调查没有如期完成。尽管如此，这次调查还是为华洋义赈会制定切实的扶贫救灾方针提供了科学依据。如在收入一项中，调查发现农户人均收入在50元以下的占44.9%，其中以河北遵化、唐县、邯郸、冀州四县贫困比例最高，平均为61.99%。调查还发现，农村金融最大的问题是农村多余的资金并没有用来满足小农的需求，而城市商业银行又不愿为单个小农提供商业贷款，结果由于资金匮乏很多农户不得不借用高利贷，愈发使自身陷入债务的无底深渊。[2] 上述调查结果使华洋义赈会将信用合作列为未来工作的重点之一，发挥了积极的政策引导作用。

---

[1] 阎明《中国社会学史：一门学科与一个时代》，清华大学出版社2010年版，第10—12页。
[2] J. B. Tayler, "The Study of Chinese Rural Economy: II, the results of the famine commission's investigations", *CSPSR*, Vol. 8, No. 1, pp. 213-224.

## 二、人口和产业问题

人口是近代中国重大社会问题之一，《学报》上发表了多篇相关论文，其中许仕廉的观点最具有代表性。

对于当时的中国人口问题，大致有两种截然相反的观点。一种是乐观的，认为中国地大物博，只要发展生产、改善社会制度，就不存在人口过剩问题。持这类观点者大都反对马尔萨斯人口论在中国的传播。另一种观点则很不乐观，认为中国存在严重的人口过剩现象，人口过多是造成社会贫困和动乱的重要原因，而解决的途径主要是节制生育。代表人物有许仕廉、陈达、吴景超、李景汉、马寅初等社会学家和经济学家。[1]

许仕廉早年毕业于美国爱荷华大学，回国后长期执教于燕京大学社会学系，是该系最早的专任中国教授，后来还担任过系主任。他是中国早期人口学界的一位颇有影响的人物。1930年5月他在学会会议上宣读了题为《中国人口问题的几个方面》（Some Aspects of the Chinese Population Problem）的论文，后发表于《学报》第14卷第三期（1930年7月）。

许仕廉的人口主张主要有三点：一、节制生育；二、提倡优生；三、向海外移民。其中节制生育是最重要的。许仕廉认为，应该首先从道德上进行节制，如迟婚、隔离等，但性欲往往难以为道德观念所抑制，所以他同时主张用机械方法来节制生育，主要有两种：一是永久的节育，即用手术解除生育的功能；二是暂时的避孕。就政府来说，除了大力宣传节育的必要性和方法外，还应该做好三方面的工作：一、制定法律法规对婚姻进行某些限制；二、建立公共机构用科学方法施行避孕和绝育手术；三、加

---

[1] 详见张庆军《民国时期人口思想初探》，《中国人口科学》1993年第1期。本节论述参考了该文。

强国际合作解决人口问题。

近代中国另外一个重大问题是失业。不仅没有知识技能的人会失业，知识分子也面临失业问题。陶孟和对此做了比较深入的研究，他的《中国知识阶层的失业》（Unemployment among Intellectual Workers in China）一文发表于《学报》第13卷第三期（1929年7月）。在文章的第一部分，陶孟和首先根据各种零散的数据推测出20世纪20年代中国知识分子的构成情况和大致人数，主要是三类：一、以前科举出身，基本在40岁以上的约有14万人；二、现代学校出身，中等以上学校毕业生约为78万人；三、自学、海外留学等其他途径出身的约58万人。这三类共计150万人左右，其中有多少陷入失业的窘境，因资料缺乏无法确切知道，但通过个别城市对失业知识分子的安置，还是可以了解其失业情况与职业构成。比如1927年首都南迁后，北平的一切官吏与职员（约8万人）除了那些可以另外找到工作的，完全落入失业的状态。当时的慈善机关恒善总社免费运送他们回籍，根据记录，仅1928年9月至12月，就有1100名官员及其家属3454人被送回南方。恒善总社所资送的范围只限于南方各省，北方各省失职人员不享受这个待遇，由此可以推想这1000多名原北洋政府官员只是失业大军的很少一部分。又如1929年初，北平社会局刚一公布失业登记的消息，20天内就有1382人前来登记，其中男性1313人，"从教育程度来看，9%有前清功名，15.6%有小学学历，44.8%有中学学历，24.4%有技校学历，6.2%有大学学历，其余159人没有提供教育背景。这1313人中84%为20—45岁。更值得注意的是，失业前90%的人做过书记或庶务，这正可证明庶务书记是最容易遭受失业困境的人群。"[1]

---

[1] L. K. Tao, "Unemployment among Intellectual Workers in China", *CSPSR*, Vol. 13, No. 3, pp. 258-259.

陶孟和的研究认为，20世纪二三十年代，在多种因素的共同作用下，中国知识分子的失业问题已经非常严重，他们主要在行政、教育文化、医疗卫生等部门工作，从事的职业有议员、公务员、教员、律师、新闻记者、医生、秘书、书记等，这些职业的中低层次人员，例如书记、教员的失业率最高。从宏观上来看，传统职业的失业率与失业人数均高于现代职业，体力劳动失业率远远高于脑力劳动，传统产业部门的失业问题最为严重，现代产业亦不能完全幸免。另外，不同区域和城市的产业构成存在差异，其失业者的职业结构也会有所不同。

## 三、教育心理学研究

在1949年之前的中国教育研究中，教育心理学一直是一个重点。[1]《学报》在这方面也不缺少力作。刘廷芳有关中文学习过程和问题的博士论文分五次连载于《学报》，题目为《学习中文的心理学：一项借助实验心理学方法对学习汉字过程中某些因素的初步分析》（The Psychology of Learning Chinese: A Preliminary Analysis by Means of Experimental Psychology of Some of the Factors Involved in the Process of Learning Chinese Characters）。[2]刘廷芳的研究于1916年至1919年在哥伦比亚大学进行，当时国内的白话文运动、国语读音（注音符号）运动、平民教育运动正如火如荼地展开。在绪论部分，刘廷芳认为当前中国最大的问题是大量文盲的存在，而症结正是中文

---

[1] 侯怀银《20世纪上半叶中国教育学发展的基本历程》，《山西大学学报》2012年第6期，第1—6页。
[2] 以下关于刘廷芳的论述参考周心心、陈巍《修身不言命，谋道不择时——记中国近现代心理学家刘廷芳》，《心理技术与应用》2014年第12期。

学习难度过高。刘廷芳设计了十种实验，针对不同背景的受试者，在教育心理学鼻祖桑代克（Edward L. Thorndike）教授的实验室中进行了超过两年的研究，前后共有150位受试者参与。他根据实验结果得出几项重要结论：一、汉字的学习可以借助已经认识的汉字的联想来解释新字，并且学习者必须具有一定量的已识汉字，才能产生对这种新字的联想作用，而且识字越多，这种联想能力就越大；二、汉字字形对字义有一定的影响且字形对字义的影响要大于字音对字义的理解作用；三、笔画安排很关键，若改变笔画配置（不改变笔画数），会破坏已建立的字形—字义或字形—字音的对应；四、笔画数对汉字学习难度无明显影响，在字义的学习上，十笔画以下的汉字比较容易认知，十笔画以上的汉字认知则与其结构类型有关；五、用英文来说明个别汉字的意义对汉字记忆的帮助甚少。刘廷芳的这几点实验结论，特别是"汉字字形对字义的影响作用要大于字音对字义的理解作用"首次指出了汉字作为一种图形文字的典型特点，具有重要的意义。[1]

一般认为，汉字属表意文字，形音义三位一体，有关汉字的心理学研究也就分别有字形的、字音的和字意的探讨。在世界各国语言中，汉字的形体特征是相当独特的。作为学习对象，汉字被普遍认为是比较难的，特别是字形。作为社会文化现象，汉字字形的习得对人们认知结构的发展变化具有重要影响。刘廷芳是近代第一位从字形角度进行心理学研究的学者，其开创之功将永远被铭记。

刘廷芳为撰写论文所做的实验同样具有重要意义，这是中国学者最早开展的汉字心理学方面的系列实验研究。这为后继者如郭任远、艾伟、沈

---

[1] T. T. Lew, "The Psychology of Learning Chinese, Part IV, interpretations and conclusions", *CSPSR*, Vol. 8, No. 4, pp. 98-105.

有乾、周先庚、杜佐周、陈礼江、蔡乐生等深入探索汉字心理问题乃至确立汉字心理学这一学科领域奠定了扎实的基础。

除了刘廷芳的博士论文,《学报》上还刊登了另外一位留美学者杜佐周根据实验所写的重要论文——《在默读中汉字的不同排列对速度和理解的影响》(The Effects of Different Arrangements of the Chinese Characters Upon Speed and Comprehension in Silent Reading)。1923年杜佐周在美国爱荷华大学进行了汉字横读和竖读的对比研究。使用材料包括有意义汉文与无意义汉文,以及个别几何图形。他的实验得出如下结论:在速度方面,阅读的识别率横排大于竖排;有意义的汉字记忆比无意义的快。杜佐周认为,在阅读方面横排成绩之所以优于竖排成绩主要基于生理方面的两点理由,一是两眼横排的自然关系;二是眼球左右转动不易疲劳,阅读时眼球转动依据六根筋肉,内外两根筋肉使眼球向内外转动,上下两根筋肉使眼球上下转动,另外两根筋肉使眼球向斜角作倾偏的转动,眼球上下转动比左右转动容易发生疲劳,因眼球上下转动时不只是眼球自身转动,上下眼盖也随之转动,这样上下两根筋肉所需的努力要比眼球左右转动时所需的努力大,易于产生疲倦。[1] 虽然后来也有学者通过实验证明,横读优于竖读或竖读优于横读,纯粹与训练相关。但横排的优势日益凸显,在很大范围内取代了竖排。杜佐周最早通过试验从生理学的角度得出横排优于竖排的结论,具有重要的开创意义。

---

[1] Horace T. C. Tu, "The Effects of Different Arrangements of the Chinese Characters upon Speed and Comprehension in Silent Reading", *CSPSR*, Vol. 10, No. 2, pp. 278-301.

# 第六节 汉学研究

## 一、宓亨利与毕乃德

《学报》中载有不少外国学者有关中国各方面问题的论文,从古代中国文史到近现代中国政治、经济、社会,内容丰富。从数量上来看,后者是主要的。其中首先值得关注的是宓亨利(H. F. MacNair)在美国加州大学完成的博士学位论文《中国侨民》(The Chinese Alien Abroad),分六次在《学报》上连载,具体情况如下:第一章,中国与侨民之关系(The Relation of China to Her Nationals Abroad;第七卷第二期);第二章,中国移民(Chinese Emigration;第七卷第二期);第三章,中国侨民在英帝国和新大陆(The Chinese in the British Empire and the New World;第七卷第三期);第四章,华侨对于外国国籍的获取(Chinese Acquisition of Foreign Nationality;第七卷第四期);第五章,海外中国商人和雇工的权益(Treaty Rights of Chinese Merchants and Free Laborers Abroad;第八卷第一期);第六章,中国政府对华侨的保护(The Protection of Alien Chinese through Chinese Authorities;第八卷第三期)。

该论文是海外最早的华侨史综合性著作,从法律和政治的视角论述了华侨与中国政府之间的关系演变以及华侨海外生存和分布情况。宓亨利所说的"华侨"是广义上的，包括了侨居海外的商人、雇工、留学生等主要群体。该文不仅是海外最早的华侨史专著，也早于中国的同类著作。例如，梁启超的《记华工禁约》（载1904年《新民丛报》）、羲皇正胤的《南洋华侨史略》（载1910年《民报》）、胡绍南的《中国殖民伟人传》（载1911年《东方杂志》），虽然时间上早于宓文，但都不是专业性研究。国内最早的华侨史专门著作是1923年李长傅在《东方杂志》上发表的《世界的华侨》。

在整个华侨群体中，宓亨利着墨最多的是商人和雇工，因为他们直接涉及近代中外条约的相关利益。文中列举了法国、英国、美国、马来群岛、澳大利亚、加拿大等国家和地区采取的排华方法以及他们剥夺条约上华人所应享受权利的具体案例，其中有关美国排华运动阐述最为翔实。总体上来说，"宓亨利在书中列举了各国具有代表性的华侨案例，梳理事件前因后果，尽管资料繁杂，但书中论述条理清晰。他以政府的公文、法律、案件等作为主线，从政治角度入手，探究海外华侨的政治地位和法律权益的演变，在涉及西方政府对待华侨的态度和政策上，'不虚美，不隐恶'。在排华浪潮高涨的年代，作为美国学者，宓亨利却能保持较为客观的态度审视华侨问题，这点实属难得。"[1]值得注意的是，宓文还梳理了近代留学生的历史渊源，对留学国家、生活状况、学费、待遇等均做了详细的介绍，此外还提供了一些学校具体的留学数据，对研究早期海外留学生群体具有比较高的价值。

该文的另外一大价值在于提供了大量海外国家和地区的华侨人数，这些数据大多基于政府报告或调查研究推论所得，具有较高的可信度，其后研究华侨史的学者多采纳宓亨利的调查数据。如根据宓亨利的估计，1847至1874年间运往古巴、秘鲁、智利和夏威夷群岛等地的华工人数约为50万，

---

[1] 刘双如《宓亨利的中国学研究》，华东师范大学2020年硕士学位论文，第33—34页。

后来中国研究拉美史的学者如罗荣渠、李安山等都以此为依据。

宓亨利在前言中预言华侨问题会受到更大的关注，事实证明确实如此，后来出版的不少著作如《华侨》（1926）、《中国殖民史》（1937）等都把宓文作为重要参考文献。

作为开创者，宓亨利的华侨史研究有其明显的优点和问题："宓亨利从世界各地搜罗相关文件资料，从政治和法律的层面论述了华侨的海外地位，对条约和法律条文的分析展现了他对政治领域的深刻见解，而这也是宓氏长处所在。然而，宓亨利对华侨问题的理解仅局限于东西文化的冲突，他寄希望于中国政府改善政治现状来推动世界对华侨态度的转变，这就容易给读者造成西方文化优于东方文化的印象。"[1]

宓亨利是研究近代中国史、中外关系史的先驱，在他之后毕乃德（Knight Biggerstaff）、费正清（John K. Fairbank）等也投入了这一领域，并在《学报》上发表了他们最初的成果。毕乃德后来成为康奈尔大学中国研究的创始人，费正清后来则以哈佛大学为基地建立了全新的美国中国学研究范式，成为20世纪美国的"中国学之父"。

毕乃德在北京进修期间发表了多篇高水平的英文论文。最早的一篇是《同文馆考》（The Tong Wen Guan，第18卷第三期），对同文馆从产生到终结的历史做了全面的研究。全文分为七个部分：（一）同文馆的前身（从明代四夷馆到清代的俄罗斯文馆）、（二）同文馆的建立、（三）同文馆教学内容的扩大（从外语扩大到西学）、（四）同文馆的管理、（五）同文馆毕业生的去向与活动、（六）上海和广州的同类学校、（七）同文馆的终结。

在说明研究缘起时毕乃德说："1860年代初建立的同文馆是现代教育理

---

[1] 刘双如《宓亨利的中国学研究》，华东师范大学2020年硕士学位论文，第36页。

念引入中国后的最早成果之一。它开始是一所教授外语的学校，但在其后的近40年中它的主要功能则是用现代教育方法为清政府培养翻译和外交官。这所学校位于北京并在总理衙门的管理之下。同文馆产生了广泛的影响，它的毕业生遍布全国。20世纪初同文馆与京师大学堂合并而失去了自身的独立性，但它在中国教育现代化中起了重要作用，它的历史非常值得探讨。"[1] 教育是中国现代化的一个重要方面，也是毕乃德留学时期最为关注的一个方面，后来他撰写了专著《中国最初的官办洋学堂》(The Earliest Modern Government Schools in China, 1961)，正是延续了自己早年的研究兴趣。

《同文馆考》之后，毕乃德又在《学报》上发表了《中国常驻外交使团的建立》(The Establishment of Permanent Chinese Diplomatic Missions Abroad，第20卷第一期)一文。这篇长文探讨了晚清中国建立外交使团的曲折过程，全文分为15节：(一)外国使团在北京的建立、(二)中国建立使团的最早动议、(三)斌椿出使、(四)1867年的上谕、(五)蒲安臣使团、(六)崇厚使团、(七)1871年前的其他行动、(八)1871年李鸿章和曾国藩的奏折、(九)派往秘鲁和古巴的调查团(陈兰彬使团)、(十)文彬1874年的奏折、(十一)清廷同意派遣常驻使节、(十二)马嘉理事件及在英国建立使团、(十三)在美国、西班牙、秘鲁建立使团、(十四)在日本、德国、法国、俄罗斯建立使团、(十五)驻外使节的规章制度。

## 二、费正清

费正清在《学报》上发表了三篇论文，分别是《1858年条约前鸦片

---

[1] Knight Biggerstaff, "The Tong Wen Guan", *CSPSR*, Vol.18, No. 3, p. 307.

贸易的合法化》(The Legalization of the Opium Trade before the Treaties of 1858, 第17卷第二期);《1853—1854年上海海关临时机制的建立》(The Provisional System at Shanghai in 1853—1854, 第18卷第四期、第19卷第一期);《上海海关外国税务司的建立》(The Creation of the Foreign Inspectorate of Customs at Shanghai, 第19卷第四期、第20卷第一期)。这里只详细讨论他最早的一篇论文。

这篇题为《1858年条约前鸦片贸易的合法化》的论文围绕这样一个中心问题展开:为什么鸦片输入中国为合法这一条款会被写入1858年11月8日中英签订的《通商章程善后条约》?是由于英国的武力逼迫(这是普遍流传的看法),还是有其他原因?

中国人对鸦片并不陌生,制造鸦片的罂粟早在唐代的文献中就提到过,但只是用来入药。吸食鸦片的方法是17世纪以来从传入中国的吸食烟草的方法发展来的。一般说来,服用鸦片的其他国家民众都是把鸦片从口吞食到胃里去,只有中国人是吸食的。外国鸦片流入中国始于18世纪初葡萄牙人的贩运,开始时每年只有几百箱,但随着中外贸易特别是中英贸易的扩大,鸦片的进口量越来越大,到1836年已经达到一年两万箱之巨。[1] 鸦片不仅毒害中国人的身体和精神,而且导致大量白银外流,国内银价上涨,所以清朝皇帝自雍正起就屡申禁令,但只是收效于一时,而无法杜绝,直到1907年12月,中英两国终于达成《禁烟协定》六条。1911年5月中英又达成《禁烟条约》十条,同意在中国禁烟确有成效时停止对华鸦片输入。中国由此开始了近代历史上第一次成功的禁烟运动。

费正清的论文共分六个小节:一、19世纪50年代的间歇期;二、英

---

[1] 参见马士《中华帝国对外关系史》第一卷,上海书店出版社2006年版,第192—208页。

国政府的鸦片政策；三、中国实施禁烟；四、中国对鸦片贸易课税的建议；五、中国地方当局征收烟税的情况；六、一点阐释。在文章的开篇，费正清明确指出，"鸦片贸易是19世纪的一件大事，历史学家迟早都应该分析其原因、活动和影响。它同中外关系的各个方面——商业、政治和文化息息相关，因此它的具体情况应该和其他方面一样考订出来，并把两者之间的关系阐述清楚。"[1]他写这篇文章正在于利用掌握的资料，揭示事实，引起更多学者对这一问题的关注。在文章的第一小节，费正清指出，1850年代英美商人为了能在条约口岸买到更多的丝绸和茶叶，必须在口岸外销售更多的鸦片，以便筹集必要的资金。"由于中国人不买外国制成品，外国商人购买中国产品最方便的方法，要么像17、18世纪那样使用带来的成船的白银，要么像19世纪初以来日益普遍的做法那样，使用成箱的鸦片。"[2]这样丝、茶贸易和鸦片贸易就像一个连体婴儿那样不可分离，但问题在于前者是合法的，而后者是非法的，——1842年的《南京条约》没有给予鸦片贸易以法律根据。在接下来的两个小节中，费正清考察了1842—1858年中英双方的政策，中国是厉行禁烟，而英方则采取不予支持和保护，实际是放任自流和纵容的政策。但中方的禁止也不是各地都一样，"禁烟在北方较为得力，特别是京畿地区，一直坚持到较后的日子；在南方各省，鸦片输入与日俱增，种植鸦片也已经开始，而镇压措施却越来越少。"[3]在鸦片泛滥，难以禁

---

[1] John K. Fairbank, "The Legalization of the Opium Trade before the Treaties of 1858", *CSPSR*, Vol. 17, No. 2, p. 215.

[2] John K. Fairbank, "The Legalization of the Opium Trade before the Treaties of 1858", *CSPSR*, Vol. 17, No. 2, p. 216.

[3] John K. Fairbank, "The Legalization of the Opium Trade before the Treaties of 1858", *CSPSR*, Vol. 17, No. 2, pp. 225-226.

止的情况下，中国官员开始陆续建议将鸦片作为合法贸易进行征税。费正清在文章的第四小节对此进行了考察，他指出，第一个建议征收烟税的官员是湖广监察御史汤云松，时间是1851年1月16日，但这位御史的奏疏未见下文。两年后张炜、吴廷溥两位御史上了同样内容的奏折，这次得到了皇帝和军机处的重视，但他们的意见未被采纳，军机大臣在答复中强调补救的办法不是使鸦片合法化，而是更严厉的镇压。但不久太平军占领了南京（1853年3月）并席卷东南几个最富庶的省份，造成了清政府的财政危机，于是征收烟税的问题再次提出并在一些地区得到了部分的实施。在文章的第五节，费正清以上海、宁波、福州、厦门四个口岸为例，具体说明了1855—1858年征收鸦片烟税的情况。1853年以来尽管北京政府还在强调禁烟，但地方政府为了解决军饷等财政问题已经开始悄悄地向鸦片征税，而福州、厦门则更把征税公开化（1857），这些都成为在全国范围内将鸦片贸易合法化的前奏。通过以上的分析，费正清在结论部分指出，那种认为1858年英国强迫清政府使鸦片贸易合法化的流行说法是不完全正确的，只说出了一半事实。另一半事实是"中国人希望通过对鸦片贸易全面征税，增加收入"，所以"应该承认鸦片贸易也是中国内政问题产生的结果"。[1]

费正清这篇文章的重大突破在于使用了中文资料，特别是军机处档案。在费正清之前，马士在《中华帝国对外关系史》一书中也讨论过鸦片贸易问题（第一卷第八章《鸦片问题》、第23章《鸦片，1842—1858》），但马士完全依靠外文材料，没有直接使用中文资料，他所使用的一点中文材料来自《北华捷报》（North China Herald）、《中国丛报》（Chinese Repository）

---

[1] John K. Fairbank, "The Legalization of the Opium Trade before the Treaties of 1858", *CSPSR*, Vol. 17, No. 2, p. 263.

上英译的清朝文献的片段，所以在讨论中国官方的政策时就显得比较薄弱。费正清论文的一半是讨论1853—1858年中国地方官员如何不执行中央政府的禁烟令而自行征收烟税，这部分内容在马士的书中是完全没有的。利用原始的中文档案进行近代史研究是费正清的一大特色。这一特色的形成除了费正清自己的努力之外，更大大得益于时任清华大学历史系主任蒋廷黻的指导与帮助。

蒋廷黻对近代中国历史研究的最大贡献在于首倡研究原始档案资料。他指出，社会科学与自然科学的研究一样，要以事实为基础；历史研究有其自身的规律，规律之一就是必须从原始资料的研究入手。在谈到中国近代外交史的研究时他强调指出："外交史的特别在于它的国际性质。一切外交问题，少则牵连两国，多则牵连数十国。研究外交史者必须搜集凡有关系的各方面的材料。根据一国政府的公文来论外交等于专听一面之词来判讼。关于中国外交的著作，不分中外，大部分就犯了这个毛病。"[1]因此要克服这个毛病，就要从原始文献，特别是中国的原始文献入手。蒋廷黻自己身体力行，为搜集和整理中国近代外交原始资料付出了大量心血，特别是推动了《筹办夷务始末》的出版。《始末》是清代官修的对外关系档案资料汇编，又称《三朝筹办夷务始末》，计道光朝80卷，文庆等编；咸丰朝80卷，贾桢等编；同治朝100卷，宝鋆等编。这三朝《始末》编成之后藏于宫中，均系手写稿本，没有刊刻付印。清朝覆亡后，这三种稿本连同宫中其他档案均为故宫博物院所有。故宫于1929年开始陆续将其全部影印出版，为学者研究提供了极大的便利。

费正清到北京后，立刻和蒋廷黻取得了联系，并就如何使用《筹办夷

---

[1] 蒋廷黻《近代中国外交史资料辑要》上卷，上海商务印书馆1931年版，第1页。

务始末》和其他中文资料向蒋廷黻请教。费正清的第一篇论文正是在蒋廷黻的指导下完成的，他也成为最早使用《筹办夷务始末》的外国学者。历史学家何炳棣回忆1953年7月第一次见费正清的情形时写道："我自我介绍1934年秋清华入学之时，费已赴牛津完成博士学位，刚刚错过在北平结识的机会。然后极度诚恳地恭维他是蒋廷黻之后，举世第二位学者研究引用《筹办夷务始末》的。他马上纠正我：'是第三人，张德昌早我半年。'"[1]与何炳棣一样，张德昌也是20世纪30年代求学于清华，是历史系的高材生，他利用晚清档案写出了《胡夏米货船来华经过及其影响》(《中国近代经济史研究》1932年第一卷第一期)、《清代鸦片战争前之中西沿海通商》(《清华学报》1935年第10卷第一期)等高水平的论文。虽然事隔近20年，费正清对于当时的北京学界和自己最初使用《筹办夷务始末》的情形显然还记忆犹新。

费正清在以后的研究中经常利用《筹办夷务始末》，如发表于1939年的《清朝公文的传递方式》(On the Transmission of Ch'ing Documents)一文就通过考察《始末》中的资料分析了北京和各省之间的邮政体系及其工作效率。[2] 1938年费正清在哈佛大学开设了晚清文献资料研讨班，讲课内容最终以《清季史料入门》(Ch'ing Documents: An Introductory Syllabus)为名由哈佛大学出版社于1952年正式出版。在书中选用的20份晚清文献中，第一份就选自《筹办夷务始末》——1870年10月18日总理衙门关于天津教案的奏折，由此不难看出费正清对这一文献的重视。

---

[1] 何炳棣《读史阅世六十年》，广西师范大学出版社2009年版，第290页。此处何炳棣记忆有误，费正清是1935年底离开北京赴牛津大学提交并答辩博士论文的。
[2] 详见 J. K. Fairbank & S. Y. Teng, "On the Transmission of Ch'ing Documents", *Harvard Journal of Asiatic Studies*, Vol. 4, No. 1 (May, 1939), pp. 12-46.

## 三、罗文达

另外值得关注的一位汉学家是罗文达，他长期执教于燕京大学新闻系，并利用在中国的有利条件对近代中国的出版及其相关问题做了全面深入的研究。《学报》上刊登了他的四篇论文：一、《天津报纸：技术调查》（The Tientsin Press: A Technical Survey，第19卷第四期）；二、《抗战前的中国公共传播》（Public Communications in China before July 1937）；三、《中国新闻事业的责任要素》（Responsible Factors in Chinese Journalism，与燕京大学新闻系同事聂士芬合著，第20卷第三期）；四、《中国的俄文日报》（The Russian Daily Press in China，第21卷第三期）。[1]

在这四篇论文中，《抗战前的中国公共传播》是最重要的。该文以极其翔实的数据具体分析了中国在抗日战争全面爆发之前大众传媒发展的现状，包括书籍出版、定期出版物（期刊与报纸）、广播、电影、电讯事业的发展及分布状况、产值等。这是目前所能看到的关于当时中国大众传播事业最为全面和翔实的一篇论文，直到今天对于中国新闻传播事业史研究依然具有参考价值。值得注意的是，自20世纪20年代"传播"（Communication）一词引入中国，这是第一次有研究者将其引入到中国新闻事业的调查研究中。

罗文达指出，公共传播主要是通过近代出版物、电影和电讯三个渠道来实现的。由于这些在中国尚属新生事物，且覆盖的区域很小，因此其发展态势比起西方更容易跟踪。罗文达对1928—1936年的图书出版市场，包括图书的种类、卷本数以及价格等进行了统计，发现在所有出版物中，科

---

[1] 以下关于罗文达的论述参考了刘兰珍《罗文达的近代中国新闻事业研究》，《新闻与传播评论》2012年第12期。

学和技术类仅占9.4%,而通俗读物和社会科学出版物则占了65.5%。他认为,像中国这样正处于经济和社会建设之中的国家急需大量的科学技术著作。上海、南京、北平等六大城市在图书传播中占有绝对优势地位。罗文达通过调查,还统计到当时的中国已有约5000个图书馆,也是广大读者接触到图书的有效途径。

罗文达调查了全国22个主要省份1934—1936年报纸和杂志的数量变化,认为杂志在中国的政治和社会影响远远超过了书籍。拥有报纸数量最多的是江苏和河北,而占全国人口仅2%的上海、南京等五大城市拥有全国三分之二的报刊发行量。在这篇文章中,罗文达还对中国的新闻纸需求量进行了统计,他发现上海、天津和广州的新闻纸进口量占全国的90%。

有意思的是,罗文达在文中还研究了中国戏剧传播的情况。他发现,在中国舞台上西方戏剧以及根据西方戏剧改编的新剧占了越来越大的比重,而且戏剧创作往往和大众教育运动相结合,致力于向农民进行文明和卫生的传播。唯一利用戏剧进行政治宣传的是共产党人控制的地区。中国的电影传播与报业的情况类似,电影院主要集中在九大城市。电影的生产投入逐年大幅度增加。罗文达还调查了中国从西方进口电影音响设备、胶片、影片的情况,并以图表的形式详细统计了中国从1932—1936年中外电影的放映情况。其中,外国电影放映量要远远高于国产影片,美国电影对中国观众的影响甚大。

就电信传播来看,罗文达认为发展最快的应属电话和电报事业。他对1936年之前中国电话局、电话线的总长度和用户数,电缆和电报线路以及电报公司、无线电报、无线电话和无线广播等方面都进行了详细的数据统计。他指出,电讯传播的出现适应了中国经济发展的需求,而且能与国际接轨。但是电讯传播的地域差异也十分明显，一方面是工业和商业中心电讯的成功发展，另一方面是广大农村地区的严重滞后。

这些调查研究全方位展现了当时中国公共传播事业发展的轨迹和现状。通过这些调查罗文达得出如下结论：中国的电讯传播卓有成效，但报刊、电影和戏剧传播却是不充分的，这种状况应归因于购买力以及教育的不足。1937年的中国正在发生着根本的改变，这种变化对这个民族的影响达到了史无前例的程度；对中国政府而言，与农民建立持久的联系并将其纳入到公共传播的体系中来是极其必要的。

从对以上四位学者的研究可以看出20世纪上半叶汉学的三个特点，一是传教士汉学已经逐渐让位给专业汉学；二是汉学家和中国学人的交往越来越多；三是中国的现实问题备受关注。

# 《中国社会及政治学报》篇目

**第一卷第一期（1916年4月）**

Paul S. Reinsch（芮恩施）: The Chinese political science association

Yu Chuan Chang（张煜全）: The organization of Waichiao Pu

Kuo Yun-kuan（郭云观）: The legitimate bounds of most-favored-nation treatment in China

L. K. Tao（陶履恭）: The Chinese district magistrate

Ching-Chun Wang（王景春）: The administration of Chinese government railways

W. F. Willoughby（韦罗贝）: The nature and functions of a budget

Ung Yuen Hsu（徐恩元）: The reform of land tax in China

Book review: Y. L. Tong: *The Japanese civil code explained* by Ume Kendiro; *Essays on Jurisprudence* by Meng Seng

**第一卷第二期（1916年7月）**

Chin Wen-Sze（金问泗）: A Chinese view of the foreign consular jurisdiction

Kuo Yun-kuan（郭云观）: A critical exposition of the essence of Chinese family law

Tachuen S. K. Loh（陆鼎揆）：The administration of criminal justice in China

L. K. Tao（陶履恭）：The Chinese district magistrate（concluded）

Yin-Ch'u Ma（马寅初）：Inconvertible notes in China and foreign countries

Mongton C. Hsu（徐墀）：Through traffic conference of the Chinese government railways

Book review:（1）J. Wong-Quincey: *The Boxer Rebellion: a political and diplomatic review* by Paul H. Clements;（2）Y. L. Tong: *Researches into Chinese superstitions*, Vol. II by Henry Doré

## 第一卷第三期（1916年10月）

Jeremiah W. Jenks（精琦）：Fundamental principles of republicanism

W. W. Willoughby（韦罗璧）：Observations with reference to the adoption of a written constitution

Yu Chuan Chang（张煜全）：The provincial organs for foreign affairs in China

William Forsythe Sherfesee（佘佛西）：The industrial and social importance of forestry in China

Hing Kwei Fung（冯庆桂）：Cotton culture

## 第一卷第四期（1916年12月）

W. W. Willoughby（韦罗璧）：Energy and leadership in government

Yen Fuh（严复）：A historical account of ancient political societies in China

Wen-Sze King（金问泗）：The lease conventions between China and the foreign powers: an interpretation

F. L. Hawks Pott（卜舫济）：Government and education

Chin-Chung Wang（王景春）：Some dangers of railway development in China and how to prepare against them

H. Vander Veen：The problem of river conservancy in China

Dakuin K. Liou（刘大钧）：The industrial transformation in China

## 第二卷第一期（1917年3月）

M. T. Z. Tyau（刁敏谦）：Treaties of Guarantee

W. F. Willoughby（韦罗贝）：Memorandum on the reform of land tax system in China

H. M. Vinacke（费纳克）：The position of Japan in Far East

L. K. Tao（陶履恭）：A Chinese political theorist of the seventeenth century

Ching-chun Wang（王景春）：Some dangers of railway development in China and how to prepare against them（continuation）

Yu-tang Lin（林语堂）：Li: the principle of social control and organization in China

## 第二卷第二期（1917年6月）

Georges Padoux（宝道）：Law reform in Siam

Wang Chung-Hui（王宠惠）：Law reform in China

M. T. Z. Tyau（刁敏谦）：China and the peace conference: problems of treaty revision

W. F. Willoughby（韦罗贝）：Memorandum on reform of the land tax system in China（continuation）

Ching-chung Wang（王景春）：Some dangers in railway development in China and how to prepare against them（continuation）

### 第二卷第三期（1917年9月）

V. K. Wellington Koo（顾维钧）：Administration of international law

W. F. Willoughby（韦罗贝）：Adjustment of the financial relations between the central government, the provinces and the local governing bodies

Ching Wen-sze（金问泗）：The treaty relations between China and the United States relating to commerce

Wang Ching-chun（王景春）：Some dangers of railway development in China and how to prepare against them（conclusion）

Dakuin K. Lieu（刘大钧）：Social transformation of China

### 第二卷第四期（1917年12月）

M. T. Z. Tyau（刁敏谦）：Diplomatic relations between China and the powers since and concerning the European War

Yu-chuan Chang（张煜全）：Chinese judiciary

L. R. O. Bevan（毕善功）：China's constitutions

### 第三卷第一期（1918年3月）

Yu Chuan Chang（张煜全）：The Chinese judiciary

William Cullen Dennis（德尼斯）：The proposed league of nations to enforce peace

Tsai Yuan-Pei（蔡元培）：Tendencies toward harmony between eastern and western political ideas

Putnam Weale（辛博森）：The programme of the coming peace conference

### 第三卷第二期（1918年6月）

N. Ariga（有贺长雄）：China and the coming reform of international relationships

R. L. O. Bevan（毕善功）：China's constitutions: II: The Nineteen Articles, and The Nanking Constitution

D. K. Lieu（刘大钧）：Currency conditions in China

### 第三卷第三期（1918年9月）

D. K. Lieu（刘大钧）：Gold currency scheme

Julean Arnold（安立德）：The new China and modern industry and commerce

Tsai Yuan-pei（蔡元培）：Why China has declared war on Germany

### 第三卷第四期（1918年12月）

Lou Tseng-tsiang（陆徵祥）：China's relations with the world

Liang Chi-chao（梁启超）: The German question and its effects on Chinese politics

P. T. Lao（刘栢棠）: The story of the Jade industry

C. E. Remer（雷麦）: National economic policies after the war: a study of three recent books by English economists

### 第四卷第一期（1919年3月）

Wang Chung-hui（王宠惠）: Reform in criminal procedure

D. K. Lieu（刘大钧）: Internationalization of Chinese railways

Sydney Barton（巴尔敦）: The Shanghai mixed court

L. R. O. Bevan（毕善功）: China's constitutions（Ⅲ）: The constitution of Yuan Shih-kai

Book Review: "The New China Review"

### 第四卷第二期（1919年6月）

Wang Chung-hui（王宠惠）: Individualization of punishment

William C. Dennis（德尼斯）: Notes on secret diplomacy

D. K. Lieu（刘大钧）: Internationalization of Chinese railways（Ⅱ）

R. T. Bryan（万应远）: The divorce law of China

Rho: A study of China's constitutional and international problems: two books by M. T. Z. Tyau

W. Y. H.: A brief survey of the Chinese judiciary

### 第四卷第三期（1919年9月）

Georges Padoux（宝道）：The procedure followed by the peace conference

Lo Wen-kan（罗文干）：The criminal code of the Republic of China

### 第四卷第四期（1919年12月）

A. H. Rowbotham（罗博登）：The Jesuits at the court of Peking

M. T. Z. Tyau（刁敏谦）：What is the liability of belligerents to neutrals for injuries caused by reprisals

Hu Suh（胡适）：Intellectual China in 1919

Fan Shio-yu：The development of the land tax in China

### 第五卷第一、二期（1920年3、6月）

Fan Shio-yu：The land tax in China（Ⅱ）

### 第五卷第三期（1920年9月）

Crawford M. Bishop：Extra-territoriality in China and its abolition

Dakuin K. Lieu（刘大钧）：Internationalization of Chinese railways（Ⅲ）

Fu Yun Chang（张福运）：Withdrawal of recognition from the Russian minister and consuls

L. R. O. Bevan（毕善功）：China's constitutions（Ⅳ）

### 第五卷第四期（1920年12月）

Bertrand Russell（罗素）：Industry in undeveloped countries

Kuo Yun-kuan（郭云观）: Some Observations on Chinese Legal History as will throw light on the question of law reform and abolition of extraterritoriality in China

### 第六卷第一期（1922 年）

John Dewey（杜威）: Racial prejudice and friction

H. Y. Ho: State's infallibility

Julean Arnold（安立德）: Changes in the economic life of the Chinese people

### 第六卷第二期（1922 年）

Harold S. Quigley（桂克礼）: The Shantung question in international law

Hu Suh（胡适）: The literary revolution in China

D. K. Lieu（刘大钧）: Suggestions for currency reform

H. B. Ellistion（埃礼士腾）: A short note on statistizing China

### 第七卷第一期（1923 年 1 月）

Clarence S. K. Chow: The revision of the Chinese treaty tariff in 1922

Paul S. Reinsch（芮恩施）: An analysis of the consortium situation

H. F. MacNair（宓亨利）: The relation of China to her nationals abroad

Frederick W. Stevens（史蒂芬）: Public opinion as a force in China

S. Gale Lowrie（劳力）: The application of the federal system of government to China

Hu Shih（胡适）: The social message in Chinese poetry

C. Chao（赵景剑）: The Shantung negotiations: summary of the activities of the first section of the Sino-Japanese joint commission

Hawkling Yen（严鹤龄）: The Chinese social and political science association: a retrospect and a prospect

## 第七卷第二期（1923年4月）

Ching-lin Hsia（夏晋麟）: Treaty relations between China and Great Britain: a study of international law and diplomacy

C. Chao（赵景剑）: The Shantung negotiations: summary of the activities of the second section of the Sino-Japanese joint commission

H. F. MacNair（宓亨利）: Chinese emigration

Neander C. S. Chang, S. H. C. Hu and Y. T. Wu: The anti-religion movement: a symposium

Arnold H. Rowbotham（罗博登）: A brief account of the early development of sinology

R. F. Johnston（庄士敦）: Ancient Chinese philosophy

Telly H. Koo（顾泰来）: The Washington conference

Jones Lu: The Sino-Japanese postal conference

V. K. Wellington Koo（顾维钧）: Some aspects of China's permanent constitution

### 第七卷第三期（1923年7月）

H. F. MacNair（宓亨利）：The Chinese in the British Empire and the new world

R. Y. Lo（罗连炎）：Chinese conception of Human nature and its relation to crime

Ching-lin Hsia（夏晋麟）：Treaty relations between China and Great Britain: chapter II, concessions and settlements

Y. L. Tong（唐悦良）：Social conditions and social services endeavor in Peking

Georges Padoux（宝道）：The binding force of treaties（1923年5月18日在学会宣读）

C. D. Henry Ch'en（陈宗登）：The Chinese social and political science library

D. K. Lieu（刘大钧）：Consolidation of Chinese unsecured loans

Julean Arnold（安立德）：Agriculture in the economic life of the New China

Mingchien J. Bau（鲍明钤）：Provincial autonomous government

Book reviews:（1）W. King: *Central and local finance in China* by Chuan-shih Li;（2）H. F. MacNair（宓亨利）: *History: its rise and development* by Harry E. Barnes

### 第七卷第四期（1923年10月）

H. F. MacNair（宓亨利）：Chinese acquisition of foreign nationality

C. T. Yin（殷祖泽）：The feasibility of a federal government for China

T. F. Tsiang（蒋廷黻）：Western radicalism and China's foreign relations

Carroll B. Malone（麻伦）：The study of Chinese rural economy: I. work and experiences of the Tsing Hua survey team in T'ang Hsien（Chihli）

Ching-lin Hsia（夏晋麟）：Treaty relations between China and Great Britain: Chapter III, historical introduction to Leased territories and spheres of interest

Ting-fang Lew（刘廷芳）：The psychology of learning Chinese

Y. W. Chan（陈应荣）：China's anomalous position in international law

Roger S. Greene（顾临）：Education in China and the Boxer indemnities

W. T. Zung（程婉珍）：Modern industry in China

Munroe Smith：The principle of nationality

## 第八卷第一期（1924年1月）

Ting-fang Lew（刘廷芳）：The psychology of learning Chinese: chapter III, result of experiments

Y. W. Chan（陈应荣）：The Chinese supreme court

Nelson Nai-cheng Shen（沈乃正）：The changing Chinese social mind

Ching-lin Hsia（夏晋麟）：Treaty relations between China and Great Britain: chapter IV, leased territories

Harold S. Quigley（桂克礼）：Rise and fall of the far eastern republic

H. F. MacNair（宓亨利）：Treaty rights of Chinese merchants and free laborers abroad

J. B. Tayler（戴乐仁）: The study of Chinese rural economy: II, the results of the famine commission's investigations

Jean Escarra（爱斯嘉拉）: Western methods of researches into Chinese Law

Book review:（1）W. K.: *Modern Chinese history: selected readings* by H. F. MacNair;（2）T. J.: *The Law Weekly*（in Chinese）

## 第八卷第二期（1924年4月）

T. T. Lew（刘廷芳）: The psychology of learning Chinese: chapter III, result of experiments（continued）

C. W. Bishop（毕安祺）: The bronzes of Hsin-cheng Hsien

Shih Hu（胡适）: A Chinese declaration of the rights of women

Richard Wilhelm（卫礼贤）: Intellectual movements in modern China

Nelson Nai-cheng Shen（沈乃正）: The changing Chinese social mind（concluded）

Ph. De Vargas（王克私）: The place of history among sciences and its relation to sociology

Ching-lin Hsia（夏晋麟）: Treaty relations between China and Great Britain: Chapter V. spheres of influence and interest

J. B. Tayler（戴乐仁）: The study of Chinese rural economy: II, the results of the famine commission's investigations（concluded）

## 第八卷第三期（1924 年 7 月）

James B. Pratt：A report on the present condition of Buddhism

Liang Ch'i-ch'ao（梁启超）：An outline of the Chinese cultural history of the last three centuries

H. F. MacNair（宓亨利）：The protection of alien Chinese through Chinese authorities

Ching-lin Hsia（夏晋麟）：Treaty relations between China and Great Britain: chapter VI, open door-territorial integrity-administrative entity

S. T. Dean：Industrial education in China

Dame Adelaide Anderson：Labor legislation and its relation to the labor movement

T. T. Lew（刘廷芳）：The psychology of learning Chinese: part IV, interpretations and conclusions

Book review:（1）Y. C. Yang: *The real Chinese in America* by J. S. Tow;（2）Georges Padoux: *The foreign relations of China* by Mingchien Bau;（3）G. H. Danton: *Friedrich Hirth*（Berlin edition）;（4）Lin Yu-t'ang: *Friedrich Hirth*（Leipzig edition）;（5）*The China year book*, 1924-1925

## 第八卷第四期（1924 年 10 月）

T. T. Lew（刘廷芳）：The psychology of learning Chinese, Part IV, interpretations and conclusions（concluded）

A. G. Wenley：Some Shensi Monuments

Ching-lin Hsia（夏晋麟）：Treaty relations between China and Great

Britain, Chapter VII, Tariff autonomy

 Yu Tinn-hugh（余天休）：The frontier movement

 V. S. Phen（潘蕃孙）：The most-favored-nation clause in China's treaties

 Lo Wen-kan（罗文干）：China's introduction of foreign systems

 Book review: Guan-neng Oon: *China: yesterday and today* by E. T. Williams

### 第九卷第一期（1925年1月）

 Paul C. Fugh（傅葆琛）：Reconstruction of the Chinese rural elementary school curriculum to meet rural needs in China

 L. K. T.（陶履恭）：A note on the bibliography of Chinese sociology

 V. S. Phen（潘蕃孙）：The most favored nation clause in China's treaties（continued）

 Allen Johnson：Woodrow Wilson as peacemaker

 A. G. Wenley：A buried city at Peitaiho

 H. S. Quigley（桂克礼）：The Chinese constitution

 J. S. Burgess（步济时）：China's introduction of Foreign institutions: a comment

 Boyd Carpenter：Oriental problems: social and religious

 P. E. Henry：International labour organization

 Yin-ch'u Ma（马寅初）：The fundamental causes of the recent economic crisis in China

 Shih Hu（胡适）：Buddhist influence on Chinese religious life

 Book review:（1）H. F. MacNair: *Chinese migrations, with special reference* to Labor conditions by Ta Chen, (2) G. N. Oon, *The clash of colour: a study in the problem of race* by Basil Mathews

### 第九卷第二期（1925年4月）

Chiang Liu（刘强）: Isolation and contact as factors in the cultural evolution of China, Korea and Japan prior to 1842

R. Y. Lo（罗运炎）: Extraterritoriality in China

W. L. Godshall : Should Chinese students study abroad?

V. S. Phen（潘蕃孙）: The most favored nation clause in China's treaties

Paul C. Fugh（傅葆琛）:Reconstruction of the Chinese rural elementary school curriculum to meet rural needs in China

A. W. Hummel（恒慕义）: The case against force in Chinese philosophy

Georges Padoux（宝道）: Extraterritoriality and tariff autonomy, a book review

### 第九卷第三期（1925年7月）

H. C. Meng（孟宪承）: Recent tendencies in Chinese education

J. B. Moore: International law and some current illustrations

H. Shung Gao（高为雄）: Chinese local government under the Chow dynasty

A. von Stael-Holstein（钢和泰）: Hellas and India

Paul C. Fugh（傅葆琛）: Reconstruction of the Chinese rural elementary school curriculum to meet rural needs in China（continued）

Yu-t'ang Lin（林语堂）：The development of the Chinese language

Chiang Liu（刘强）：Isolation and contact as factors in the cultural evolution of China, Korea and Japan prior to 1842（continued）

Harry F. Ward：The comparative influence of current thought in Russia and India upon the future development of Asia

Book review：（1）Y. Y. Tsu: *The Chinese abroad* by H. F. MacNair;（2）G. H. Danton: *Die Drei Sprunge des Wang Lun* by A. Doblin;（3）Wunsz King: *International law and some current illustrations and other essays* by J. B. Moore

### 第九卷第四期（1925年10月）

M. T. Z. Tyau（刁敏谦）：China's new treaties

Y. S. Tsao（曹云祥）：The unity of civilization and the universality of religion

T. Z. Woo（胡春泽）：The rule of succession to the throne in China

Chao-ying Shill（时昭瀛）：The Lansing–Ishii agreement

Canon Danby：A Chinese Nestorian Pope

Arthur B. Bostwick：The public library

Hardy Jowett（周永治）：The influence of superstition on institutions

George D. Wilder（万卓志）：Mutual aid in the animal world: a basis for Confucian and Christian ethics

Paul C. Fugh（傅葆琛）：Reconstruction of the Chinese rural elementary school curriculum to meet rural needs in China（continued）

Stanley K. Hornbeck（亨培克）：Institutes of international relations

Chiang Liu（刘强）: Isolation and contact as factors in the cultural evolution of China, Korea and Japan prior to 1842（continued）

J. B. Moore: International law and some current illustrations（continued）

Book review: F. T. Cheng:（1）*The China yearbook, 1925-26*;（2）*Third yearbook of international federation of trade unions*;（3）*Outline of Chinese civil law* by C. R. T. Bryan

## 第十卷第一期（1926年1月）

C. T. Wang（王正廷）: Industrial progress in China

Wu Hung-chu（吴鸿助）: China's attitude towards foreign nations and nationals historically considered

C. W. Bishop（毕安祺）: The problem of the Min river caves

Y. S. Tsao（曹云祥）: The cause of democracy in China

Chung-kuei Cheng（郑钟珪）: The financial phases of China's foreign trade

Fu-kuang Ch'en（陈复光）: Sino-Russian diplomatic relations since 1689

Lone Liang（梁龙）: China's new constitution

Chang Yao-tseng（张耀曾）: The present conditions of the judiciary in China and its future

Paul C. Fugh（傅葆琛）: Reconstruction of the Chinese rural elementary school curriculum to meet rural needs in China（continued）

Chiang Liu（刘强）: Isolation and contact as factors in the cultural evolution of China, Korea and Japan prior to 1842（continued）

### 第十卷第二期（1926年4月）

Wang Chung-hui（王宠惠）：Peaceful means of settling international disputes

Horace T. C. Tu（杜佐周）：The effects of different arrangements of the Chinese characters upon speed and comprehension in silent reading

K. D. Stewart：Business and politics

Robert T. Pollard（浦纳德）：Nationalism and culture

Hwei-shung Gao（高为雄）：Police administration in Canton

H. F. MacNair（宓亨利）：The value of historical studies in Modern China

Sidney Peel：Distinctions between central and local finance in England and China

Paul C. Fugh（傅葆琛）：Reconstruction of the Chinese rural elementary school curriculum to meet rural needs in China（continued）

Chung-kuei Cheng（郑钟珪）：The financial phases of China's foreign trade（concluded）

Chiang Liu（刘强）：Isolation and contact as factors in the cultural evolution of China, Korea and Japan prior to 1842（continued）

Fu-kuang Ch'en（陈复光）：Sino-Russian diplomatic relations since 1689（continued）

### 第十卷第三期（1926年7月）

Tao-wei Hu（胡道维）：The case for China: abolition of special foreign privileges and immunities

Eki Hioki（日置益）: A general survey of the judicial systems of Japan

Leonard S. Hsu（许仕廉）: The Confucian concept of progress

W. W. Willoughby（韦罗璧）: Political pluralists

Paul C. Fugh（傅葆琛）: Reconstruction of the Chinese rural elementary school curriculum to meet rural needs in China（continued）

Silas H. Strawn（史注恩）: The influence of bar associations on the development of law

Hwei-shung Gao（高为雄）: Police administration in Canton（continued）

Robert T. Pollard（浦纳德）: The method of an elementary course in politics

Fu-kuang Ch'en（陈复光）: Sino-Russian diplomatic relations since 1689（continued）

Chiang Liu（刘强）: Isolation and contact as factors in the cultural evolution of China, Korea and Japan prior to 1842（continued）

Book review:（1）Georges Padoux: *Extraterritoriality, its rise and its decline* by Shih-shun Liu;（2）Yu-ch'uan Chang: *Country life in south China: the sociology of familism* by Daniel H. Kulp II

## 第十卷第四期（1926 年 10 月）

Lone Liang（梁龙）: China's new draft constitution

W. E. Soothill（苏慧廉）: Religion as a political and social factor

A. von Rosthorn（纳色恩）: The civilization of ancient China

J. B. Tayler（戴乐仁）: A program for the Chinese economic society

Elam J. Anderson: Music as a leisure occupation for college students

Hwei-shung Gao（高为雄）: Police administration in Canton（continued）

Tao-wei Hu（胡道维）: The case for China: abolition of special foreign privileges and immunities

Chiang Liu（刘强）: Isolation and contact as factors in the cultural evolution of China, Korea and Japan prior to 1842（continued）

Fu-kuang Ch'en（陈复光）: Sino-Russian diplomatic relations since 1689（continued）

Book review:（1）Georges Padoux: *Les concessions en Chine* by Chan Chung Sing;（2）Shih-shun Liu: *Dictionary of words and phrases of international law and diplomacy*;（3）Reginald Irving: *The diary of Ching Shan, English translation* by J. L. L. Duyvendak

## 第十一卷第一期（1927年1月）

J. L. L. Duyvendak（戴闻达）: Chinese in the Dutch East Indies

Leonard S. Hsu（许仕廉）: Chinese sources in general sociology

Benjamin March: Landscape and life: some observations on comparing Chinese and foreign paintings

Te-hsu Cheng（程德谞）: International law in early China

Hsien Wu（吴宪）: Chinese diet in the light of modern knowledge of nutrition

A. von Rosthorn（纳色恩）: The civilization of ancient China（concluded）

Sidney D. Gamble（甘博）: Progress and change in Soviet Russia

Tse-ch'ien Tai（戴志骞）: Modern library development and its relation to scholarship

Chiang Liu（刘强）: Isolation and contact as factors in the cultural evolution of China, Korea and Japan prior to 1842（continued）

Fu-kuang Ch'en（陈复光）: Sino-Russian diplomatic relations since 1689（continued）

G. Ernest Hubbard: The new diplomacy: an English outlook

Book review:（1）Wen Yuan-ning: *China's new nationalism and other essays* by H. F. MacNair;（2）Lucius C. Porter: *The government of China 1644-1910* by P. C. Hsieh;（3）W. K.: *Unsolved problem of the pacific* by K. S. Inui;（4）D. K. Lieu: *The foreign trade of China* by C. F. Remer

## 第十一卷第二期（1927年4月）

Ray Lyman Wilbur: Mutual understanding in the Pacific

Ta-chun Wu（吴大钧）: Duties and taxes on imports into and exports from China

Elam J. Anderson: Measurement in higher education

Te-hsu Ch'eng（程德谐）: International law in early China（continued）

William Crozier: Limitations of the method of judicial settlement of international disputes

Chiang Liu（刘强）: Isolation and contact as factors in the cultural evolution of China, Korea and Japan prior to 1842（continued）

Book review:（1）W. H. G. Aspland: *Opium as an international problem: the*

*Geneva conferences* by W. W. Willoughby;（2）G. H. Danton: *Die Seele Chinas* by Richard Wilhelm;（3）*A geographical study of coal and iron in China* by Wilfred Smith;（4）Y. C. Chang: *China's international relations and other essays* by Harley F. MacNair;（5）Telly Koo: *Address by Sao-ke Alfred Sze, Chinese minister to the United States*

### 第十一卷第三期（1927 年 7 月）

Chin-chun Wang（王景春）: The work of the British Indemnity Advisory Committee

Leonard S. Hsu（许仕廉）: The teaching of sociology in China

William H. Kilpatrick: Education as an agency of civilization

George W. Keeton: The international status of Macao before 1887

L. Carrington Goodrich（富路德）: American Catholic missions in China

Y. Charles Ling Wu（吴泽霖）: The social thought of Confucius

Archibald P. Ch'ien（钱宝源）: Fuchinhsien: a self-governing colony in Manchuria

Ch'eng-yu Sun（孙成屿）: English translation of Li Po's poems

Ta-chun Wu（吴大钧）: Duties and taxes on imports into and exports from China

Chiang Liu（刘强）: Isolation and contact as factors in the cultural evolution of China, Korea and Japan prior to 1842（continued）

Book review:（1）Y. C. Chang: *The diplomatic quarter in Peking* by M. J. Pergament;（2）D. K. Lieu: *Problems of industrial development in China* by

Harold M. Vinacke;（3）L. C. Porter: *China and her political entity* by Shu-his Hsu;（4）D. K. Lieu: *The collection and disposal of the maritime and native customs revenue since the revolution of 1911* by Stanley F. Wright;（5）W. P. Wei: *Democracy and finance in China* by Kinn Wei Shaw

## 第十一卷第四期（1927年10月）

K. S. Latourette: Interpreting China to the west（from the English-speaking point of view）

Robert K. S. Lim（林可胜）: The physiological cost of living in China

Yien Dung（邓贤）: The case for insurance

Tiao-fu Lan（栾调甫）: How to accept western science

Manley O. Hudson: International co-operation since the world war

Y. Charles Ling Wu（吴泽霖）: The social thought of Confucius（continued）

L. Carrington Goodrich（富路德）: American catholic missions in China（continued）

Ch'eng-yu Sun（孙成屿）: English translations of Li Po's poems（concluded）

Ta-chun Wu（吴大钧）: Duties and taxes on imports into and exports from China（continued）

Chiang Liu（刘强）: Isolation and contact as factors in the cultural evolution of China, Korea and Japan prior to 1842（concluded）

Book review:（1）Georges Padoux: *The modern civil law of China* by V. A.

Riasanovsky;（2）Yuan-ning Wen: *China in revolt* by Leang-li Tang;（3）Y. Y. Tsu: *Christian missions and Oriental civilizations* by Maurice T. Piece

### 第十二卷第一期（1928年1月）

Chi-lien Hsu（徐继廉）: The rural credit in China

C. K. Webster: The prevention of international war

Paul Heaton: The jurisdiction of American courts in China

Frederick Whyte: Political science in India

Mi Wu（吴宓）: Confucianism, Christianity, and modern China

Chi-t'ao Tai（戴季陶）: Synopsis of Sun Yat-sen's "three principles of the people"

L. Carrington Goodrich（富路德）: American catholic missions in China（concluded）

George G. Telberg: The conception of war in modern international law

Ta-chun Wu（吴大钧）: Duties and taxes on imports into and exports from China（continued）

Y. Charles Ling Wu（吴泽霖）: The social thought of Confucius（continued）

J. B. Tayler（戴乐仁）: Denmark and rural China

George H. Blakeslee: The problem of the Far East in the light of historical parallelisms and precedents

Book review:（1）Y. C. Chang: *Chinese political thought* by E. D. Thomas;（2）Yuan-Ning Wen: *What's right with China* by O. D. Rasmussen;（3）*Foreign trade of China and its place in world trade* by A. V. Marakueff;（4）*The China*

*Year Book, 1928* by H. G. W. Woodhead

## 第十二卷第二期（1928 年 4 月）

Leonard S. Hsu（许仕廉）: The doctrine of Chung Yung

Charles Dailey（戴莱）: Duties and responsibilities of a foreign correspondent

Koon-hoi Chiu: Religious elements in the teaching of Confucius

J. J. Heeren（奚尔恩）: The league of nations and the international traffic in women and children

K'o-hsuan Ts'ai（蔡可选）: Financial reform in China

Chi-lien Hsu（许继廉）: The rural credit in China

Ta-chun Wu（吴大钧）: Duties and taxes on imports into and exports from China（concluded）

Y. Charles Ling Wu（吴泽霖）: The social thought of Confucius（continued）

Jeremiah W. Jenks（精琦）: Certain economic and political aspects of the European situation as affecting China

Book review:（1）J. C. Ferguson: *Forgotten tales of ancient China* by Verne Dyson;（2）Hsin-hai Chang: *Political pluralism* by Kung-chuan Hsiao;（3）Lucius C. Porter: *Truth and tradition in Chinese Buddhism* by K. L. Reichelt;（4）Yu-chuan Chang: *San Min Chu I*;（5）Victor Hoo: *The interpretation of treaties* by Tsune-chi Yu;（6）J. B. Tayler: *China's industry and finance* by D. K. Lieu

### 第十二卷第三期（1928年7月）

John B. Condliffe: Industrial development in the Far East

Tsung Hyui-puh（曾虚白）: Chinese translations of western literature

Arthur N. Holcombe（何尔康）: The science of government

Y. Charles Ling Wu（吴泽霖）: The social thought of Confucius (concluded)

Howard S. Galt（高厚德）: Oriental and occidental elements in China's modern educational system

W. W. Yen（颜惠庆）: China foundation for the promotion of education and culture

Koon-hoi Chiu: Religious elements in the teaching of Confucius (concluded)

Ch'eng ch'i-pao（程其保）: Twenty-five years of modern education in China

Mingchien Joshua Bau（鲍明钤）: China at the institute of Pacific relations

Ts'ai K'o-hsuan（蔡可选）: Financial reform in China (continued)

Homer H. Dubs（德效骞）: A new method of writing the Chinese characters

Book review:（1）J. B. Tayler: *Report of the conference on Christianizing economic relations, shanghai, August 1927*;（2）Victor Hoo: *Germany, ten years later* by G. H. Danton;（3）Y. N. Wen: *China, yesterday and today* by J. E. Johnsen, *China today, political* by S. K. Hornbeck

## 第十二卷第四期（1928年10月）

George W. Keeton: Chinese law and historical jurisprudence

Kao Yin-t'ang（高荫棠）: The lease conventions in China

Wu Ching-ch'ao（吴景超）: Chinese immigration in the Pacific area

Liu Ch'iang（刘强）: Progress

Tsai Ko-hsuan（蔡可选）: Financial reform in China（concluded）

Wang Tsao-shih（王造时）: China and the League of Nations, 1920-1926

Yu Tseh-t'ang（余泽棠）: Systems of land tenure in China

Basil Blackett: Indian public finance since the Great War

Howard S. Galt（高厚德）: Oriental and occidental elements in China's modern educational system（continued）

Book review: Y. C. Chang: *China and world peace* by Mingchien J. Bau

## 第十三卷第一期（1929年1月）

L. K. T'ao（陶履恭）: Handicraft workers in Peking

H. S. Galt（高厚德）: Oriental and occidental elements in China's modern educational system（concluded）

Yu Tseh-t'ang（余泽棠）: Systems of land tenure in China（concluded）

Wu Ching-ch'ao（吴景超）: Chinese immigration in the Pacific area（continued）

Edwards S. Corwin: Democratic dogma and the future of political science

Wang Tsao-shih（王造时）: China and the League of Nations, 1920-1926（continued）

Paul Monroe（孟禄）: Chinese attitude toward Western culture

### 第十三卷第二期（1929 年 4 月）

J. S. Burgess（步济时）: Certain concepts, methods and contributions in the social sciences and social philosophy of L. T. Hobhouse

Chin-chun Wang（王景春）: The new phonetic system of writing Chinese characters

Wu Ching-ch'ao（吴景超）: Chinese immigration in the Pacific area (concluded)

Wang Tsao-shih（王造时）: China and the League of Nations, 1920-1926 (concluded)

Hsieh Tin-yu（谢廷玉）: Origin and migrations of the Hakkas

Book review: (1) Y. C. Chang: *Ancient Chinese political thought* by Wu Kuo-cheng; (2) Liu Shih-shun: *The development of extraterritoriality in China* by G. W. Keeton

### 第十三卷第三期（1929 年 7 月）

L. K. Tao（陶履恭）: Unemployment among intellectual workers in China

G. E. Hubbard（郝播德）: The foundation of British trade in China

Berthold Laufer（劳佛）: Mission of Chinese students

J. A. L. Waddell（华特尔）: Some thoughts concerning economics in the development of China

Chang Hsin-hai（张歆海）: Some types of Chinese historical thought

## 第十三卷第四期（1929年10月）

Franklin L. Ho（何廉）: Prices and price fluctuations in North China 1913-1923

S. Lavington Hart（赫立德）: A few reflections from the experiences of three decades

Frank Y. C. Yen（言荣彰）: Tax reform in China

Julean Arnold（安立德）: Making-over of south China

J. A. L. Waddell（华特尔）: Some thoughts concerning economics in the development of China（continued）

Wong Kuo-sieu（王国秀）: Chinese influence on English decorative art in the eighteenth century

Book review: *The book of Lord Shang*, trans. by J. J. L. Duyvendak

## 第十四卷第一期（1930年1月）

Herbert A. Miller: Race and politics

Hsieh T'ing-yu（谢廷玉）: The Chinese in Hawaii

Stanley K. Hornbeck（亨培克）: American policy and the Chinese-Russian dispute

Hsu Suhsi（徐淑希）: Manchuria in the Kyoto conference

George H. Danton: Germany and China today

J. Stewart Burgess（步济时）: Trends in social reconstruction in China

A. W. Grabau（葛利普）: The outlook for science in China

A. J. Toynbee（汤因比）: A journey through Turkey to the Far East

Wang Ching-chun（王景春）: The Shantung intervention

Book review: A. T. Y.: *The China year book 1929-1930* by H. G. W. Woodhead

## 第十四卷第二期（1930 年 4 月）

J. A. L. Waddell（华特尔）: Some thoughts concerning economics in the development of China（continued）

George Barbour: Rock-bottom in society and politics, geological determinants in civilization

J. B. Tayler（戴乐仁）: The Hopei pottery industry and the problem of modernization

Lin T'ung-chi（林同济）: Political aspects of the Japanese railway enterprises in Manchuria

Book review: Mingchien J. Bau: *War as an instrument of national policy and its renunciation in the pact of Paris* by J. T. Shotwell

## 第十四卷第三期（1930 年 7 月）

Leonard Shihlien Hsu（许仕廉）: Some aspects of the Chinese population problem

Lin T'ung-chi（林同济）: Political aspects of the Japanese railway enterprises in Manchuria

### 第十四卷第四期（1930 年 10 月）

Kuo Ti-chen（郭涤正）：Chinese tariff concessions to the Chinese eastern railway

G. E. Hubbard（郝播德）：Self-government in India

### 第十五卷第一期（1931 年 4 月）

H. D. Fong（方显廷）：Industrialization and labor in Hopei

Shuhsi Hsu（徐淑希）：The status of the railway settlements in south Manchuria

William Hung（洪业）：Indexing Chinese books

L. C. Goodrich（富路德）：Chinese studies in the United States

Shang-lin Fu（傅尚霖）：One generation of Chinese studies in Cambridge

Book review：（1）T. F. Tsiang：*A preliminary history of the Kuomingtang by Tsou Lu, Collected writings of Dr. Sun Yat-sen* edited by Hu Han-min；（2）D. Hsueh-feng Poe：*The Chinese revolution* by A. N. Holcombe；（3）Y. Y. Tsu：China, *special issue of the Annals of the American Academy of Political and Social Science, November, 1930*

### 第十五卷第二期（1931 年 7 月）

S. M. Shirokogoroff（史禄国）：The importance of the scientific investigation of the Tungus

Y. S. Djang（章元善）：Credit cooperation in 1000 villages

A. G. B. Fisher：New Zealand and its social and labour legislation

C. K. Young（杨光泩）: Real property rights of aliens in China and the United States

K. M. Tsu（徐国懋）: The united states of Europe

V. K. Ting（丁文江）: Prof. Granet's La Civilization Chinoise

Book review:（1）H. T. Lei: *Discussions in ancient history vol. II* by Ku Chieh-kang;（2）G. T. Yeh: *A journey to China, or things which are seen* by A. J. Toynbee;（3）L. T. Hwang: *The history of Chinese philosophy vol. 1* by Fung Yu-lan

### 第十五卷第三期（1931年10月）

Yu-lan Fung（冯友兰）: The Confucianist theory of mourning, sacrifice and wedding rites

Franklin L. Ho（何廉）: Population movement to the northeastern frontier in China

V. A. Riasanovsky: The influence of Chinese law upon Mongolian law

Book review:（1）K. C. Hsiao: *Modern Chinese legal and political philosophy* by Tseng Yu-hao;（2）G. T. Yeh: *The good earth* by P. Buck

### 第十五卷第四期（1932年1月）

Hu Shih（胡适）: Development of Zen Buddhism in China

Chen Ta（陈达）: Toward factory legislation in China

Hsieh Kuo Ching（谢国桢）: Removal of coastal population in early Tsing period

Book review: (1) K. C. Hsiao: *Discourses on salt and iron*, trans. by E. M. Gale; (2) T. F. Tsen: *Sun Yat Sen, liberation of China* by H. B. Restarick; (3) William Hung: *Collection of essential sources of Chinese modern diplomatic history* by T. F. Tsiang; (4) Y. Y. Tsu: *Harvard-Yenching Institute, Sinological Index Series*; (5) T. F. Tsiang: *The Anglo-Japanese alliance* by Chung-Fu Chang; (6) H. T. Lei: *Ku Chieh-kang: the Autobiography of a Chinese historian*, trans. by A. W. Hummel

## 第十六卷第一期（1932年4月）

Fung Yu-lan（冯友兰）: The place of Confucius in Chinese history

Krasny Archiv: Russia and the Chinese revolution of 1911

Shuhsi Hsu（徐淑希）, Treaties and notes of 1915

W. Leon Godshall: What can China expect from the League of Nations

Thomas Kearny: The Tsiang documents: Elipoo, Ke-ying, Pottinger and Kearny and the most favored nation and open door policy in China in 1842-1844: An American viewpoint

Book review: (1) Li Chi: *Trails to inmost Asia* by G. N. Roerich; (2) K. C. Hsiao: *The political philosophy of Confucianism* by L. Shihlien Hsu; (3) C. F. Chang: *British Far Eastern Policy, 1894-1900* by R. S. McCordock; (4) T. F. Tsiang: *Revolutions of a Soviet diplomat* by G. Bessedovsky; (5) T. T. Shui: *Confucius and Confucianism* by R. Wilhelm; (6) T. T. Shui: *The culture-contacts of the United States and China* by G. H. Danton

### 第十六卷第二期（1932 年 4 月）

Shuhsi Hsu（徐淑希）: Japan's rights and position in Manchuria

Li Chi（李济）: Manchuria in history

Frederick Hung（洪绂）: Early History of Tea in China

Krasny Archiv: Russia and the Chinese Revolution of 1911

Th. Martens: Europe and China

Book review:（1）David Weeks: *Chinese farm economy* by J. L. Buck;（2）Wentsao Wu: *Systematic sociology* by H. Becker;（3）T. F. Tsiang: *Sources of diplomatic history towards the end of the Ts'ing Dynasty* by Wang Nien-wei;（4）T. F. Tsiang: *Russia and the Soviet Union in the Far East* by V. A. Yakhontoff

### 第十六卷第三期（1932 年 10 月）

H. D. Fong（方显廷）: Cotton industry and trade in China

Robert T. Pollard（浦纳德）: American relations with Korea, 1882-1895

Tin-yuke Char（谢廷玉）: Legal restrictions on Chinese in English-speaking countries of the Pacific, I

Book review:（1）J. J. Gapanovich: *A survey of the far eastern countries* by D. M. Posdneiev & others, *La Civilization chinoise moderne* by A. F. Legendre;（2）Rosalynde H. Chang: *Through the dragon's eyes* by L. C. Arlington;（3）Sophia H. Chen Zen: *China: the collapse of a civilization* by N. Peffer;（4）Shao Hsun-cheng: *Tibet in modern world politics*（1774-1922）by Wei-kuo Lee

## 第十六卷第四期（1933年1月）

G. E. Taylor（戴德华）：The Taiping Rebellion: its economic background and social theory

Tin-yuke Char（谢廷玉）：Legal Restrictions on Chinese in English-speaking countries of the pacific, II

Krasny Archiv: Tsarist Russia and Mongolia in 1913-1914

Book review:（1）Ta Chen: *The 1931 Flood in China: An economic survey*, by the Department of Agricultural Economics, University of Nanking;（2）Fook-tan Ching: *Sons* by P. S. Buck;（3）Sophia H. Chen Zen: *Nationalism and education in Modern China* by C. H. Peake;（4）Yuen-li Liang: *International government* by C. Eagleton;（5）T. F. Tsiang: *Documents of Sino-Japanese relations in the reign of Kwang-siu* by Palace Museum; *China and Japan during the last sixty years* by Wang Yun-sen; *Sources of diplomatic history towards the end of the Ts'ing dynasty* by Wang Nien-wei;（6）T. F. Tsiang: *Land and labour in China* by R. H. Tawney

## 第十七卷第一期（1933年4月）

T. F. Tsiang（蒋廷黻）：Sino-Japanese Diplomatic Relations, 1870-1894

Y. Li（李颖）and J. B. Tayler（戴乐仁）：Grain Marketing in Hopei Province, an Interim Report

Krasny Archiv: Tsarist Russia and Mongolia in 1913-1914（concluded）

Book review:（1）H. J. Huang: *State and economic life, a record of a first international study conference* by Institutions for the Scientific Study of

International Relations;（2）C. F. Chang: *La Chine et le droit international* by Jean Escarra

## 第十七卷第二期（1933 年 7 月）

J. K. Fairbank（费正清）: The Legalization of the Opium Trade before the Treaties of 1858

Teh-Ch'ang Chang（张德昌）: Maritime Trade at Canton during the Ming Dynasty

J. J. Gapanovich（噶邦福）: Sino-Russian Relations in Manchuria, 1892-1906

H. H. Dubs（德效骞）: A Comparison of Greek and Chinese Philosophy

J. J. Heeren（奚尔恩）, Soviet Russia: An interpretation

Book review:（1）L. K. Tao: *Rethinking Missions, a Laymen's inquiry after one hundred years* by Commission of Appraisal, Laymen's Foreign Mission Inquiry;（2）Yuen-li Liang: *The Society of Nations, its organization and constitutional development* by F. Morley;（3）Frederick Hung: *Asia des Moussons* by Jules Sion

## 第十七卷第三期（1933 年 10 月）

H. D. Fong（方显廷）: Grain Trade and Milling in Tientsin

Robert E. Park: William Graham Sumner's Conception of Society: an Interpretation

Yen-ying Lu（卢延英）: How the National Government in Nanking works

J. J. Gapanovich（噶邦福）: Sino-Russian Relations in Manchuria, 1892-1906（concluded）

Krasny Archiv: Russian Documents Relating to Sino-Japanese War, 1894-'95

Book Review:（1）J. T. Chang: *World Economic Survey 1931-32*, by J. B. Condliffe;（2）J. B. T.: *China To-day: Economic* by J. B. Condliffe

### 第十七卷第四期（1934年1月）

Hu Shih（胡适）: Types of cultural response

H. D. Fong（方显廷）: Grain Trade and Milling in Tientsin

Krasny Archiv: Russian Documents Relating to Sino-Japanese War, 1894-'95

Book reviews:（1）Chu Hsiao: *Foreign investments in China* by C. F. Remer;（2）R. D. Jameson: *Mencius on the mind* by I. A. Richards;（3）T. F. Tsiang: *China's foreign relations, 1917-1931* by R. T. Pollard, *Far Eastern front* by Edgar Snow

### 第十八卷第一期（1934年4月）

Chun-Ming Chang（张纯明）: The genesis and meaning of Huan K'uan's "Discourses on salt and iron"

Arthur G. Coons（孔德思）: Five years of national government finance

Shu-chin Tsui（崔书琴）: The influence of the Canton-Moscow entente upon Sun Yat-sen's political philosophy: I, the principle of nationalism

Frank E. Ross: The American naval attack on Shimonoseki in 1863

### 第十八卷第二期（1934 年 7 月）

Chen Chin Sien（陈振先）：The anomalous calendars of the Ch'in and Han dynasties and their political and social significance

Shu-chin Tsui（崔书琴）：The influence of the Canton-Moscow entente upon Sun Yat-Sen's political philosophy: II, the principle of democracy

Harry B. Price（毕范理）：A brief review of economic change in Europe and in the United States, 1929-1933

Krasny Archiv: First steps of Russian imperialism in Far East

Book review:（1）Ph. de Vargas: *Aux portes de la Chine, Les missionaires du seizieme siècle: 1514-1588* by Henri Bernard;（2）Ph. de Vargas: *Le Frere Bento de Goes chez les Musulmans de la Haute Asie: 1603-1607* by Henri Bernard;（3）Simon Yang: *How Chinese families live in Peiping* by S. D. Gamble;（4）S. Y. C.: *England's quest of eastern trade* by W. Foster;（5）Chung-fu Chang: *American policy in the pacific* ed. by E. M. Patterson

### 第十八卷第三期（1934 年 10 月）

Knight Biggerstaff（毕乃德）：The T'ung Wen Kuan

Shu-chin Tsui（崔书琴）：The influence of the Canton-Moscow entente upon Sun Yat-sen's political philosophy: III, the principle of livelihood

Book review:（1）Woodbridge Bingham: *Son of heaven: a biography of Li Shih-Ming founder of the Tang dynasty* by C. P. Fitzgerald;（2）P. L. Yuan: *China's geographical foundations* by G. B. Cressy

### 第十八卷第四期（1935年1月）

J. K. Fairbank（费正清）: The provisional system at Shanghai in 1853-54

H. D. Fong（方显廷）& Y. T. Ku（谷源田）: Shoemaking in a north China port

C. M. Chen（陈之迈）: Draft of the constitution of the Republic of China

Krasni Archiv: On the eve of the Russo-Japanese War

Book review:（1）D. K. Lieu: *A study of Chinese boycotts* by C. F. Remer;（2）H. T. Lei: *The Chinese, their history and culture* by K. S. Latourette, *Civilizations of the East: China* by R. Grousset, *The basis of the Chinese civilization* by E. M. Gale;（3）William Hung: *History of the Peking summer palaces under the Ch'ing dynasty* by C. B. Malone;（4）C. M. Chen: *Essai de doit constitutional chinois, les cinq pouvoirs* by H. F. Tch'en;（5）Edgar Snow: *The Chinese soviets* by V. A. Yakhontoff, *The Fundamental laws of the Chinese soviet republic*

### 第十九卷第一期（1935年4月）

D. K. Lieu（刘大钧）: A study of our price level 1926-34

Franklin C. H. Lee（李景汉）: An analysis of Chinese rural population

R. A. Norem: German Catholic mission in Shantung

J. K. Fairbank（费正清）: The provisional system at Shanghai in 1853-54（concluded）

Krasni Archiv: On the eve of the Russo-Japanese war（continued）

Book reviews:（1）Chin-jen Chen: *Suppressing communist banditry in China* ed. by T'ang Leang-Li;（2）Thomas Li: *Imperialism and Manchuria* by V. Avarin

### 第十九卷第二期（1935 年 7 月）

Fung Yu-lan（冯友兰）: The origin of Ju and Mo

R. T. Flewelling: The new frontier of world civilization

A. H. Rowbotham（罗伯森）: China and the age of Enlightenment in Europe

T. C. Lin（林同济）: Li Hung-chang: His Korea policies, 1870-1885

Krasni Archiv: On the eve of the Russo-Japanese war（continued）

Book review:（1）William Hung: *The literary inquisition of Ch'ien-Lung* by L. C. Goodrich;（2）C. F. Chang: *British opium policy in China and India* by D. E. Owen;（3）C. M. Chen: *Chinese government and politics* by Chih-Fang Wu;（4）H. T. Lei: *On Chinese Studies* by Kiang Kang-Hu;（5）Frederick Hung: *A reconnaissance geography of Japan* by Glenn T. Trewartha

### 第十九卷第三期（1935 年 10 月）

Ch'en Shou-yi（陈受颐）: John Webb: a forgotten page in the early history of sinology in Europe

C. M. Chen（陈之迈）: Impeachments of the Control Yuan, I

Howard S. Galt（高厚德）: A comparative analysis of the most fundamental elements in Chinese and Western culture

Chen Ching-jen（陈钦仁）: Opium and Anglo-Chinese relations

Book reviews:（1）Fung Yu-lan: *Tao, the great luminant, essays from Huai*

*Nan Tzu* by Evan Morgan;（2）Lucius C. Porter: *Geschichte der mittelalterlichen chinesischen Philosphie* by Alfred Forke, *La Pensee Chinoise* by Marcel Granet, *Motse, the neglected rival of Confucius* by Yi-pao Mei, *Tao, the great luminant, essays from Huai Nan Tzu* by Evan Morgan, *The way and the power, a study of the Tao Te Ching and its place in Chinese thought* by Arthur Waley;（3）L. T. Hwang: *The history of Chinese philosophy, vol. II*, by Fung Yu-lan;（4）Ching-chao Wu: *Social pathology in China* by Herbert Day Lamson;（5）J. B. Tayler: *The modern settlement movement in Germany* by Charles P. Loomis;（6）Thomas Li: *Pacific ocean*

### 第十九卷第四期（1936年1月）

J. K. Fairbank（费正清）: The creation of the foreign inspectorate of customs at Shanghai（to be continued）

C. M. Chen（陈之迈）: Impeachments of the control Yuan（concluded）

R. Lowenthal（罗文达）: The Tientsin Press: a technical survey

Book review:（1）T. F. Tsiang: *The Sino-Japanese controversy and the league of nations* by W. W. Willoughby,（2）C. M. Chen: *The great wall crumbles* by Grover Clark;（3）T. F. Tsiang: *Lin Tse-hsu, pioneer promoter of the adoption of western means of maritime defense of China* by Gideon Chen; *Tseng Kuo-fan, pioneer promoter of the steamship* by Gideon Chen

### 第二十卷第一期（1936年4月）

Knight Biggerstaff（毕乃德）: The Establishment of Permanent Chinese

Diplomatic Missions Abroad

J. K. Fairbank（费正清）: The Creation of the Foreign Inspectorate of Customs at Shanghai（concluded）

Shu-chin Tsui（崔书琴）: The Influence of the Canton-Moscow Entente upon Sun Yat-sen's Revolutionary Tactics

Charles C. Stelle: Ideologies of the T'ai P'ing Insurrection

Book review:（1）H. D. Fong: *commodity control in the Pacific Area*, ed. by W. L. Holland;（2）C. J. Chen: *Outer Mongolia: A new danger zone in the Far East* by T. A. Bisson;（3）K. C. Hsiao: *Micius: A brief outline of his life and ideas* by Sverre Holth;（4）C. J. Chen: *Social Process in Hawaii*, ed. by K. P. Lai

## 第二十卷第二期（1936年7月）

Nai-cheng Shen（沈乃正）: The Local Government of China（to be continued）

Ch'en Shou-yi（陈受颐）: Thomas Percy and His Chinese Studies

Minge C. Bee（皮名举）: The Peterhof Agreement

H. T. Lei（雷海宗）: The Rise of the Emperor System in China

V. A. Riasanovsky: Mongol Law and Chinese Law in the Yuan Dynasty

Ke-ming Chang（张克明）: A Study of the Import and Export Trade of Hankow

Book review:（1）J. T. Chao（赵人隽）: *Statistics of China's foreign trade by ports, 1900-1933. I. Central ports* by Bureau of Foreign Trade, Ministry of Industry; *The foreign trade of China* by Ho Ping-Yin;（2）Chu Hsiao: *China's* customs revenue since the Revolution of 1911 by Stanley F. Wright; (3) J. B. Tayler: *The power of non-violence* by Richard B. Gregg; (4) Hua-Cheng Wang: *The doctrine of Rebus sic Stantibus in international law* by T. Young Huang

## 第二十卷第三期（1936 年 10 月）

V. A. Riasanovsky（梁赞诺夫司基）: The Code of Northern Mongolia: Khalkha Djirom

Chu Djang（章楚）: War and Diplomacy over Ili

L. E. Tsao（曹励恒）: Neutrality in Asia

Vernon Nash（聂士芬）, Rudolf Lowenthal（罗文达）: Responsible Factors in Chinese Newspaper

Book review: (1) Chao-ying Shih: *Diplomatic commentaries* by K. Ishii; (2) Henry H. C. Chou: *The financing of public education in China* by Ronald Y. S. Cheng; (3) Shu-t'ung Hou: *China under depreciated silver* by Wei-ying Lin; (4) K. C. Hsiao: *Wang An Shih: A Chinese statesman and educationalist of the Sung Dynasty* by H. R. Williamson; (5) H. C. Wang: *Monthly Review of the Chinese League of Nations Association*

## 第二十卷第四期（1937 年 1 月）

Harold Temperley: The Reform Movement in the Turkish Empire and Republic in the XIXth & XXth Centuries

H. T. Lei（雷海宗）: Periodization: Chinese History & World History

S. J. Shaw（邵循正）: Historical Significance of the Curious Theory of the

Mongol Blood in the Veins of the Ming Emperors

V. A. Riasanovsky（梁赞诺夫司基）: The Influence of Ancient Mongol Culture and Law on Russian Culture and Law

Book review:（1）Minge C. Bee: *Kiaochow Leased Territory* by Ralph A. Norem;（2）J. B. Tayler: *Agrarian problems in Southernmost China* by Chen Hanseng;（3）T. Deisen Chen: *The New monetary system of China* by W. Y. Lin;（4）Feng-chieh Chao: *The Code of Criminal Procedure of the Republic of China*;（5）M. Hsitien Lin: *Politics: Who gets what, when, how* by H. D. Lassewell

## 第二十一卷第一期（1937年4月）

J. B. Tayler（戴乐仁）: Potentialities of the cooperation movement in China

Chen Chih-Mai（陈之迈）: The Chinese executive

Minge C. Bee（皮名举）: Origins of German Far Eastern policy

T'ien-hu Chang（张天护）: French trade with China during Ch'ing dynasty

Leslie A. White: Some suggestions for a program in anthropology in China

Book review:（1）H. C. Lei: *Makers of Cathay* by C. W. Allan;（2）L. E. Tsao: *The growth and industrialization of Shanghai* by D. K. Lieu;（3）M. Hsitien Lin: *Ideology and Utopia* by Karl Mannheim;（4）T'ien-hu Chang: *French policy in Indo-China* by Thomas E. Ennis;（5）J. J. Gapanovich: *Modern Manchuria（in Russian）*by N. G. Tretchikoff

## 第二十一卷第二期（1937年7月）

Stephen C. Y. Pan（潘朝英）: The first treaty between the United States and

China

V. A. Riasanovsky（梁赞诺夫司基）: Customary law of the Kirghiz

Frank E. Ross: American adventures in the early marine fur trade with China

Book review:（1）V. A. Riasanovsky: *Le droit Chinois* by Jean Escarra;（2）H. T. Lei: *The birth of China* by H. G. Creel;（3）M. L. Chang: *Recent financial developments in China（1934-1936）* by P. T. Chen;（4）H. C. Wang: *Can we be neutral?* by A. W. Dulles and H. F. Armstrong;（5）D. K. Lieu: *Growth and industrialization of Shanghai:* a rejoinder

## 第二十一卷第三期（1937 年 10-12 月）

Paul T. Homan: Social scientists and public affairs

Harold D. Lasswell: The relation of skill politics to class politics and national politics

V. A. Riasanovsky（梁赞诺夫司基）: Customary law of the Yakuts

Rudolf Lowenthal（罗文达）: The Russian daily press in China

Lin-Chuang Cheng（郑林庄）: A study of the egg trade in the Peiping area

Book review: M. N. Lootsky: *Fundamental principles of Mongol law* by V. A. Riasanovsky

## 第二十一卷第四期（1938 年 1-3 月）

Michael Lindsay（林迈可）: Education and society

V. A. Riasanovsky（梁赞诺夫司基）: Juristic customs of the Voguls, Ostyaks and Samoyeds

Book review: ( 1 ) R. G. Barnes: *Great Britain & China 1833-1860* by W. C. Costin; ( 2 ) R. G. Barnes: *China* by F. C. Jones; ( 3 ) C. W. McDouall: *Invasion of China by the western world* by E. R. Hughes; ( 4 ) E. T. C. Werner: *China: ancient and modern* by S. C. Lee; ( 5 ) L. E. Tsao: *Modern Canton* by E. B. S. Lee; ( 6 ) W. Way Tam: *Aspects of the organizations, functions & financing of state public utility commissions* by C. O. Ruggles

## 第二十二卷第一期（1938年4-6月）

J. C. Ferguson（福开森）: China's earliest culture

Stephen C. Y. Pan（潘朝英）: An analytical study of principle of American diplomacy-with an emphasis on their application in China

H. C. E. Zacharias（施格来）: World conference, world domination or world government?

R. Lowenthal（罗文达）: Public communications in China, before July, 1937

Michael Lindsay（林迈可）: The Oxford modern greats course and its application to Yenching

B. Roomiantseff（鲁民切夫）: Scientific works of Professor V. A. Riasanovsky in the sphere of the laws of oriental peoples

Book review: ( 1 ) Yu-Chuan Chang: *China's first unifier: a study of the Ch'in dynasty as seen in the life of Li Ssu* by D. Bodde; ( 2 ) Juliang Chang: *The twentieth century in the far east* by P. H. B. Kent; ( 3 ) R. Lowenthal: *Bibliography of Jewish Bibliographies* by S. Shunami

## 第二十二卷第二期（1938年7-9月）

Stephen C.Y. Pan（潘朝英）: An analytical study of principles of American diplomacy- with an emphasis on their application in China（concluded）

Tsung-Han Yang（杨宗翰）: Why democracy?

V. A. Riasanovsky（梁赞诺夫司基）: Conflicts of different laws

Yu-Chuan Chang（张煜全）: The legal practitioner in China

Book review:（1）J. C. Ferguson: *China's struggle for tariff autonomy* by S. F. Wright;（2）Y. C. Chang: *Chinese civil law* by V. A. Riasanovsky;（3）S. H. Chi: *Pan Chao: foremost women scholar of China* by N. L. Swann;（4）J. L. Chang: *Tso Tsung-T'ang, pioneer promoter of the modern dockyard and the woolen Mill in China* by G. Chen

## 第二十二卷第三期（1938年10-12月）

Howard S. Galt（高厚德）: A comparison between theories of education in ancient China and in Greece

Yu-Chuan Chang（张煜全）: The bar association in China

V. A. Riasanovsky（梁赞诺夫司基）: Application and the interpretation of the norms of law

Book review:（1）Y. C. Chang: *American diplomacy concerning Manchuria* by S. C. Y. Pan;（2）Ju-liang Chang: *China and Japan* by Royal institute of international affairs

### 第二十二卷第四期（1939 年 1-3 月）

H. C. E. Zacharias（施格来）: Democracy in ancient Greece, its origin, rise and decline

H. F. MacNair（宓亨利）: Some aspects of China's foreign relations in long retrospect

Josef Stulz（司徒资）: Platon's interpretation of history and its significance for social and historical science

H. Yu-chieh Hu（胡毓杰）: Marriage and divorce in Chinese civil code with reference to the rules of conflicts of laws

Book review:（1）C. T. Lin: *Research and statistical methodology: books and reviews of 1933-1938* by O. K. Buros;（2）Y. C. Chang: *Clippers and consuls: American consular and commercial relations with Eastern Asia, 1845-1860* by E. Griffin

### 第二十三卷第一期（1939 年 4-6 月）

Kenneth Ch'en（陈观胜）: The Cushing mission, was it necessary?

A. Ju-liang Chang（张汝良）: Some further aspects of China-Nipponese relations in long retrospect

Yu-Chuan Chang（张煜全）: Wang Shou-Jen as a statesman

Book review:（1）Yu-chuan Chang: *Money in the law* by Arthur Nussbaum;（2）A. J. L. Chang: *Evidence before international tribunals* by Durward V. Sandifer;（3）K. A. Wang: *Dynamics of automobile demand* by American statistical association

### 第二十三卷第二期（1939年7-9月）

H. C. E. Zacharias（施格来）：The philosophy of the commonweal（to be continued）

Yu-Chuan Chang（张煜全）：Wang Shou-Jen as a statesman

Book review: H. C. E. Zacharias: *Legislative protection and relief of agriculturist debtors in India* by K. G. Sivaswamy

### 第二十三卷第三期（1939年10-12月）

H. C. E. Zacharias（施格来）：The philosophy of the commonweal（concluded）

Yu-Chuan Chang（张煜全）：Wang Shou-Jen as a statesman

Book review:（1）E. S. Bennett: *Social and psychological studies in Neuropsychiatry in China* ed. by R. S. Lymam & others;（2）Y. C. Chang: *An outline of modern Chinese family law* by Marc van der Valk

### 第二十三卷第四期（1940年1-3月）

Hsuan-min Liu（刘选民）：Russo-Chinese relations up to the Treaty of Nerchinsk

Howard S. Galt（高厚德）：Kuo Tzu Chien: its historical development and present condition

Leyton Edwards（艾雷登）：Can there be a war to end war?

Yu-Chuan Chang（张煜全）：Wang Shou-Jen as a statesman（concluded）

Book review: Y. C. Chang: *The organization of labour inspection in industrial and commercial understanding* by International labour office

### 第二十四卷第一期（1940 年 4-6 月）

E. Taschdjian（蒋达士）：Some remarks regarding the extensional and intensional concept of sociological variables and functions

H. C. E. Zacharias（施格来）：The organization of governance

Yu-Chuan Chang（张煜全）：The Kuo Tzu Chien

Book review: H. C. E. Zacharias: *East versus west, a denial of contrast* by P. Kodanda Rao

### 第二十四卷第二期（1940 年 7-9 月）

Rudolf Lowenthal（罗文达）：The Jews in China

Josef Stulz（司徒资）：Explicative history

### 第二十四卷第三期（1940 年 10-12 月）

C. C. Wang（王景春）：Hsinhanzyx（phonetic Chinese）

Ruh Tsuin Ts'ui（崔玉俊）：Farm management study in eight representative localities in North China

H. C. E. Zacharias（施格来）：Constitution

Book review: Y. C. Chang: *Inner Asian frontiers of China* by Owen Lattimore

## 第二十四卷第四期（1941年1-3月）

W. Sheldon Ridge（李治）: The Kotow: centenary reflections on the war of 1839-42

H. C. E. Zacharias（施格来）: The operation of governance: politics & government

C. C. Wang（王景春）: Hsinhanzyx（phonetic Chinese）

Book review:（1）W. S. Ridge: *Religious periodical press in China* by R. Lowenthal;（2）Yu-chuan Chang: *War and peace in soviet diplomacy* by T. A. Taracouzio

Bulletin No. 1

of the

Catholic University of Peking

# 第二章
## 《辅仁英文学志》

September 1926

Bulletin No. 1

of the

Catholic University of Peking

September 1926

# 第一节 创办与经营情况

## 一、辅仁早期历史

《辅仁英文学志》（以下简称《学志》）创刊于 1926 年 9 月，终刊于 1934 年 11 月，共出版九期，1926—1929 年期间基本是每半年出版一期，共计六期，1930 年 12 月、1931 年 12 月分别出版了第七、八期。之后受世界范围内经济危机的影响，直到 1934 年 11 月才出版了第九期，也是最后一期。起初该刊只有英文刊名，第七期扉页上出现了中文《辅仁英文学报》的名称，第八、九期则更名为《辅仁英文学志》。

《学志》没有订阅费，免费向辅仁大学校友会（The Society of the Friends of the Catholic University）成员发放。前六期上有 printed in the U. S. A. 字样，表明该刊当时在美国印刷；后三期则在北京印刷，扉页上有"北平定府大街辅仁大学印行"字样。

《学志》上的文章大致可以分为两大类，一类是学术论文，另一类是反映大学创办情况的介绍性文字，通过这些文字我们可以比较清晰地了解辅仁大学的早期历史。《学志》第一期刊登了《英敛之致罗马教皇碧岳的信件》（Letter to Pope Pius X）、《辅仁社》（The MacManus Academy of Chinese

Studies)、《英敛之讣告》(Obituary of Sir Vincent Ying)、《辅仁大学的中文名称》(The Chinese Name of the Catholic University of Peking)四篇文章,清晰地展示了辅仁创办的历史。在这一过程中,英敛之(1867—1926)起了关键作用。

英敛之姓英名华,字敛之,近代著名教育家、慈善家、爱国天主教徒。《清史稿》称其"博学善诗文,工书法,著书立说,中外知名。"1902年于天津创办《大公报》,以"开风气、牖民智"作为宗旨。1911年辛亥革命推翻了千年帝制,英敛之异常兴奋,他有感于英、美、德等国的新教传教士在华创办大学,提倡学问,而"天主教尚付阙如"。为了振兴中国天主教教育事业,1912年9月20日,由英敛之起草,英敛之和另外一位中国天主教领袖马相伯联名上书罗马教皇碧岳,请求派遣博学硕德之士来华创办大学,传播世界新知,发扬中国文化。英敛之在信中指出,中国已经推翻帝制,建立共和国,新政府实行信仰自由,鼓励文化教育事业,在华创办大学的时机已经成熟。英敛之的信言辞恳切,让教皇深受感动,可惜碧岳不久去世,新教皇本笃十五世(Benedict XV)继位后很快第一次世界大战爆发,在华办学之事被搁浅。英敛之并不因此灰心,1913年秋他在香山静宜园创办辅仁社,招收天主教青年,传授中国文化知识,这里成了后来辅仁大学的发祥地。辅仁社前后共办了四年(1918年因为资金不足停办),取得了一些成绩,但离英敛之的理想还是相差很远。1917年6月,他再次上书教皇本笃十五世,这次的上书得到了实质性的回应。经过一番努力,教廷于1921年底正式委托美国本笃会承办在华建立大学之事,奥图尔(G. B. O'Toole)被任命为校务长。1925年3月,在奥图尔的努力下,美国商人马慕努(Theodore MacManus)慷慨捐资20万美元,后来以16万美元的价格，永久租下位于李厂桥西街的旧涛贝勒府为大学校址，经过半年的整修和添置设备，新的辅仁社于1925年10月正式开学，英敛之再次出任社长。马相伯曾拟用"景教"或"本笃"为校名，英敛之则坚持用"辅仁社"的名字。"辅仁"出自《论语·颜渊》"君子以文会友，以友辅仁"这句话，既典雅，又能反映中国的特色，英文名 The MacManus Academy of Chinese Studies 则是为了纪念捐款人马慕努。1926年1月10日，英敛之不幸因病去世，临终前将校务托付给陈垣。此后陈垣与美方人士一起做了大量筹备工作，1927年底经国民政府教育部批准，辅仁大学正式成立。值得一提的是，关于辅仁大学的英文名字，在确定过程中经过了一番讨论，最后决定使用 Catholic University，是因为两个原因。一是教皇在指示本笃会创办大学时，多次使用这个英文名称；二是这个名字"体现了天下为公、天下一家的理念，区别于各种各样的民族主义、分裂主义、特殊主义"。[1]

《学志》从第二期起，除了一些关于学校的报道外，特别增设了《大事记》（The chronicle）栏目，其中记录了不少学校发展中的大事。比如关于1927年辅仁大学成立后第一次招生的情况：

> 8月1日—8月13日：学生报名，人数超过300人。
>
> 8月15日—8月17日：第一次对学生进行体检，由校医盈亨利（James H. Ingram）负责。
>
> 8月18日—8月20日：第一次入学考试（中文、英语、法语、数学）。

---

[1] "The Chinese Name of the Catholic University of Peking", *Bulletin of the Catholic University of Peking*, No. 1, p. 7.

9月初：第二次入学考试，考试结果：155名学生被录取，其中天主教徒60人。

9月26日：正式开学。[1]

这是很珍贵的校史资料，同样珍贵的是1930年的招生情况："总共招收706名学生，是1929年的两倍。初中部165人，其中59人为天主教徒；高中部266人，其中35人为天主教徒；大学部275人，64人为天主教徒（包括三名神父）。"同样是1930年，美术系开始招生，"主要是为中学培养美术老师，提供三年的课程，四个科目：一、中国书法；二、中国绘画（工笔画和写意画）；三、西方美术；四、中国篆刻。"[2]

随着学校的不断发展和声誉日隆，访问者络绎不绝，其中不少是学界名人，如1928年4月23日来访的中国政府顾问、中国艺术史专家福开森（John C. Ferguson）、1928年4月26日来访的美国哈佛大学政府学教授何尔康（Arthur N. Holcombe）、1928年9月13日来访的德国莱比锡大学汉学教授海尼士（Erich Haenisch）、1929年4月26日来访的清华大学教授艾克（Gustave Ecke，后来也来辅仁执教）、1929年5月20来访的古生物学家葛利普（Amadeus Grabau）、1930年3月17日来访的燕京大学汉学家博晨光（Lucius C. Porter）和王克私（Philippe de Vargas）、1930年3月30日来访的瑞典探险家家斯文·赫定（Sven Hedin）、1930年4月20日来访的北平图书馆馆长袁同礼、1930年10月21日来访的美国汉学家拉铁摩尔

---

[1] "The chronicle", *Bulletin of the Catholic University of Peking*, No. 4, pp. 77-78.
[2] Wm O'Donnell, "Progress at the Catholic University of Peking", *Bulletin of the Catholic University of Peking*, No. 7, p. 116.

(Owen Lattimore)、1930年11月6日来访的燕京大学校长司徒雷登(John L. Stuart)。

除了成绩之外,《大事记》也没有回避困难与问题。1929年刚刚正式建立两年多的辅仁大学遭遇到一场危机。事情是这样的,1929年6月12日,南京国民政府教育部发布796号部令,将辅仁大学降格为学院,原因是1927年11月3日北洋政府教育部同意辅仁大学建立时,学校只有一个学院(文学院),符合当时对大学的要求。但是根据南京政府教育部1929年4月29日部令规定,只有具备至少三个学院(文学、理学再加一个学院)才能称为大学,如果只有一至两个学院的,只能称为学院。辅仁大学预感到南京政府会有新政策,曾通过北京大学在1929年2月6日请求政府给予宽限,但这个要求没有被接受。1929年6月24日,教育部降格辅仁大学的通知正式到达学校,此前媒体已经有所报道,使校方处于巨大的压力之下。从技术上来说,学校不符合南京教育部的规定被降格也在情理之中,但促使这件事情发生的一个重要因素是学生与校方的矛盾,1929年4月6日,一批学生策动罢课,遭到大多数学生的反对,20个学生被开除,这批心怀不满的学生向政府投诉,说他们是"文化侵略的牺牲品"。教育部接到投诉后随即派人检查,虽然这件事很快就平息了,但促使了教育部对辅仁大学资格的审查。

6月25日,辅仁全体教员开会讨论解决危机的方法,会后校长请求罗马方面拨款购买科学设备,以尽快建立理学院。7月23日,文学院长刘复(半农)代表学校前往南京提交重组学校的方案,建立三个学院:文学、理学、教育,得到教育部认可,撤销了原来部令(6月12日),恢复大学称号。[1]

---

1 "The chronicle", *Bulletin of the Catholic University of Peking*, No. 7, pp. 131-134.

## 二、《学志》简况

就学术论文来说,《学志》以中西交流为主要内容。作为一所天主教大学,《学志》自第一期起便把目光投向中国天主教史,以后几乎每一期都有相关文章发表。奥图尔的《中国早期基督教漫谈》(Random Notes on Early Christianity in China,第三期)讨论基督教传入中国的问题,并试图从西方文献记载中找出比聂斯脱里派更早到达中国的基督教徒。奥图尔的另一篇文章《若望·孟高维诺》(第六期)探讨了中国首位主教孟高维诺(John of Montecorvino,1247—1328)的事迹。高福德(Francis Clougherly)的《马可·波罗同时代的方济各会会士》(The Franciscan Contemporaries of Marco Polo,第五期),介绍了孟高维诺之外的三位方济各会士鲁布鲁克(William of Rubruck,约 1215—1270)、柏朗嘉宾(John of Plan de'Carpini,1182—1252)、鄂多立克(Odoric of Pordenone,1286—1331)的中国行记。裴化行(Henri Bernard)的《明末哲学运动从何时开始》(Whence the Philosophic Movement at the Close of the Ming,第八期)则探究了耶稣会士对明末江南儒生思想和学术的影响。

此外特别值得关注的是陈垣《摩尼教入中国考》的英文本(第四期),该文原刊《国学季刊》,一经发表就受到极高的评价。陈垣在说明该文缘起时写道:"今摩尼教久亡,经典焚毁殆尽,言摩尼教者只可求诸基督教史。然欲求中国摩尼教史料,则又非基督教史所有,只可仍求之汉文典籍,及诸佛教史中。然无论为基督教史,为佛教史,其对于摩尼,均具贬词。考古者只可取其言外之意而已。"[1] 该文由英千里将其中第二章《摩尼教始通中

---

[1]《陈垣全集》第二册,安徽大学出版社 2009 年版,第 142 页。

国》和15章《元明时代摩尼教》两章译为英文,以 Manichaeism in China 为题发表于《学志》第四期。

英千里精通英文、法文、西班牙文和拉丁文,长期担任辅仁大学秘书长及西洋语言文学系主任,除了陈垣的论文外,他还翻译了多篇重要文献。发表在第五期的《景教碑文新译》(A New English Translation of the Nestorian Tablet)是中国学者对大秦景教碑首次推出的英译文,为了说明景教的衰落,英千里还翻译了唐武宗打击景教徒和佛教徒的直接资料——《武宗还俗敕令》(The Secularization Decree of Emperor Wu-Tsung),并发表于第六期。此外,他还在《明朝末代皇帝与天主教》(The Last Emperor of the Ming Dynasty and Catholicity)中将耶稣会士卜弥格(Michael Boym,1612—1659)带给罗马教宗的中文信件翻译为英文。

除了对汉族地区的研究外,《学志》也刊登了一些有关少数民族地区的论文,其中最重要的是著名蒙古学家田清波(Antoine Mostaert)的成果。田清波在鄂尔多斯长达20年的传教时间里,搜集了大量蒙古地区的方言、民间文学和人类学资料。1926年来到辅仁大学后,陆续撰写了《甘肃的蒙古族人和他们的语言》(The Mongols of Kansu and Their Language,载《学志》第八期)和《鄂尔多斯志》(Ordosica,载《学志》第九期)等文章,这种带有人类学性质的考察研究为中国学者提供了示范。

由于拥有强大的国内外作者阵容,《学志》的学术性与日俱增,内容也越来越丰富,逐渐发展为一份国际性的汉学期刊。创刊之初,该刊每期只有几十页;从第五期开始,每期的内容达到100多页,第九期更是达到了200多页。鉴于在发展过程中,刊物的性质已经与创刊时完全不同,辅仁大学自1932年开始出版英文《辅仁杂志》(Fu Jen Magazine),报道关于学校各方面的情况，以逐步取代《学志》。与此同时，北京聚集了一批来自各国的汉学家，而这些汉学家不少都在辅仁大学任教。这一背景促使辅仁大学在1934年停办《学志》，转而创办一份多语种的学术刊物，这就是1935年创刊的《华裔学志》（Monumenta Serica），并连续出版至1948年。[1]

正如一位研究者所指出的那样，"从发表于《辅仁英文学志》的文章来看，在中西交通的题旨之下，既有如大秦景教碑、马可·波罗时代的传教士等西方汉学研究中的经典问题，故能引起海内外学者的关注与对话，也有如鄂尔多斯蒙古人种学这类尚未被探索的领域，故能带动新的学术增长点。以刊物为学术传播平台，海内外学者的研究方法、材料和成果，可以互相借鉴参考，遂使辅仁大学逐渐成为中西交流与对话的学术重镇，并在现代学术版图中据有一席之地。"[2]

---

[1] 1948年第13期出版后，由于时局动荡《华裔学志》暂时停刊，《华裔学志》北京时期的历史就此结束。此后编辑部几经迁移，从日本东京、名古屋到美国洛杉矶。1972年落户德国波恩附近的圣·奥古斯丁（Sankt Augustin）直至今日。
[2] 李乐《北京辅仁大学与中西交流的早期实践——〈辅仁英文学志〉研究》，《国际汉学》2020年第1期，第100页。本小节关于《学志》情况的介绍参考了这篇论文。

# 第二节 中外关系史研究

## 一、景教研究

《学报》的一个特色就是重视中西关系史，特别是宗教史的研究，作为一所天主教大学，重视天主教，特别是天主教在中国传播历史的研究是完全可以理解的。

根据历史记载，罗马天主教聂斯托利派于唐贞观九年（635）传入中国，在明天启五年（1625）《大秦景教流行中国碑》（唐德宗建中二年即公元781年立，现存西安碑林，正文汉文34行，1780字）出土以后，这一宗教即被称为景教。景教自唐初传入中国，到会昌五年（845）禁断，在唐代流传达210年，但是后世典籍中一直只有零星的资料，直到景教碑的发现才改变了这一情况。景教虽然很早传入中国，但因为中途断绝，加上文献稀少，对于它的性质一直存在认识的误区，在中国历史上，有人将景教与祆教、摩尼教混为一谈，也有人将其与回教混同。直到20世纪，国人对于景教才有了比较明确的认识："聂斯托利派乃第五世纪之一异端，创于聂斯托利，聂斯托利生于西利亚（Syria），为安底奥血（即吾国古书之安都城Antioche）隐修院院长，律己严，善辞令，四百卅八年升为君士坦丁堡大宗主教（Patriarcha de Constantinophe），其所讲之异端道理，是反对圣母称为天主之母；……总之，依聂氏所言，从圣母所生者，是有形可见之人，成为司祭，受苦受难而死。天主物尔朋常与此人缔结，有不能分离之情；然天主物尔朋非降生为人焉，所以在基多有着行之二位：一、天主之子，二、圣母之子。"[1]中国景教属于基督教异端聂斯托利派，今天早已成为不移之定论。关于景教，《学志》上发表了三篇译文：英千里翻译的景教碑文，日本学者佐伯好郎翻译的《志玄安乐经》和《宣元本经》（部分）。

根据文献记载，唐代景教留下的汉语经文有30部，但迄今为海内外学界所公布的仅八部：《大秦景教流行中国碑》《序听迷诗所诃经》《一神论》、《宣元本经》《大圣通真归法赞》《志玄安乐经》《三威蒙度赞》《尊经》，[2]其中景教碑无疑是最为重要的，它是叙述此教流行过程的唯一文献。英千里将这一重要文献翻译成英文（A New English Translation of the Nestorian Tablet），发表在《学志》第五期（1928年10月）。因为此前已有多份译文，所以他把自己的工作称为"新"（new）译。奥图尔专门为译文写了序言，指出英千里的译文超过前人，所谓后出转精。遗憾的是，这份质量上乘的作品一直不为学界所知，朱谦之在权威的《中国景教》（初稿完成于1968年）一书中详细罗列了各个时期的译本，却偏偏没有英千里：

> 景教碑自公元1625年罗雅各（佐伯好郎认为是金尼阁）发表拉丁文译本以后，至1939年福斯德（John Foste）教授之出版英译本，过

---

[1] 徐宗泽《中国天主教传教史概论》，上海土山湾印书馆1938年版，第85页。
[2] 被伯希和劫掠到法国的敦煌写本（代号：P.3847）《尊经》中罗列了三十部景教经典，但大多应该已经佚失。详见翁绍军《汉语景教文典诠释》，三联书店1996年版，第212页。

去300余年间,在欧美各国作为著书发行之景教碑文研究,约有80余种。……至19世纪时,又有许多重译英文中有1845年(清道光二十五年)白里枢曼(Bridgman)译本,有1854年(咸丰四年)卫礼(Alexander Wylie)译本,见《中国研究》(Chinese Researches, 25—34)及何尔漠(Fritz Holm)《景教碑》(The Nestorian Monument, 11—20)书中,又1888年(光绪十四年)雷盖(James Legge)译本,见《基督教在中国》(Christianity in China, 1—31页)。……日本则有明治四十四年佐伯好郎(P. Y. Saeki)之《景教碑之研究》与1916年(民国五年)之英译本,见"The Nestorian Monument in China"(162—181页),尤为研究者所广泛使用(例如 C. E. Couling: The Luminous Religion, 49—63页附录佐伯译文,又 Holm: "My Nestorian Adventure in China," 159—183页亦全录佐伯译文与 Wylie 译文对比)。……截至近日,尚有如毛尔只英译两种,一见"Christians in China, before the Year 1550"(45—52页),一见"The Christian Monument at Sian Fu"(1935),又福斯德(John Foster)之英文新译本见"The Church of the Tang Dynasty"(1939)附录一(134—151页),真可算是洋洋大观了。[1]

英千里已经去世半个世纪,他的译文也已经出版将近一个世纪,"新"译早已成为旧作,他的贡献应该尽快得到学界,特别是翻译学界和景教研究界的重视。

关于景教碑的内容,著名中外关系史专家张星烺认为:"此碑全文,可分四段,第一段叙述基督教大义,第二段叙述自唐太宗时入中国后之蒙优

---

[1] 朱谦之《中国景教》,商务印书馆2014年版,第85-88页。

待,第三段颂词,第四段诸僧署名,汉名及叙利亚名并列。"[1] 应该说这一划分是非常合理的,其中第二段包含了唐太宗的一份诏书:

贞观十有二年秋七月,诏曰:道无常名,圣无常体,随方设教,密济群生。大秦国大德阿罗本,远将经像,来献上京,详其教旨,玄妙无为,观其元宗,生成立要。词无繁说,理有忘筌,济物利人,宜行天下。所司即于京义宁坊造大秦寺一所,度僧廿一人。宗周德丧,青驾西昇。巨唐道光,景风东扇。[2]

英千里的翻译是:

In the Autumn in the seventh month of the twelfth year of the Cheng Kuan period (A. D. 638) an imperial edict was promulgated to the following effect: "The Doctrine (Tao) bears no fixed name and the Sage resides in no definite person. Religions are founded to suit the various regions of the earth, so that salvation may be within the reach of all living beings. Bishop O-lo-pen of the land of Ta Ts'in came from afar bearing with him Scriptures and Images to present them at the Exalted Capital. A careful examination of the tenets of his religion shows it to be metaphysical, profound, and conducive to perfection; an investigation of its principles proves them to be indispensable for life and progress. Its language is free from perplexing expressions and its reasoning distinguishes clearly between the essential and the accidental. As this religion

---

[1] 张星烺《中西交通史料汇编》(1930),中华书局2003年版,第219—220页。
[2] 翁绍军《汉语景教文典诠释》,三联书店1996年版,第54—55页。

is helpful to all creatures and beneficial to men, it is meet that it be propagated throughout the realm." The authorities, accordingly, built a Ta-Ts'in temple with accommodation for twenty-one monks in the Yi Ning ward of the Capital. Hence just as at the time when the Chow dynasty ( B. C. 1122-255 ) fell into decadence, Lao-tze mounted on a black ox departed out of China to the West; so at the time when the virtue of the glorious T'ang dynasty shone forth, the Luminous wind ( spirit ) blew towards the East.[1]

可见，英千里将贞观十二年诏书的内容断句至"宜行天下"，这和其他英译者的理解大不相同。裨治文断句到"度僧廿一人"；伟烈亚力和穆尔都断句至"景风东扇"。法国著名汉学家伯希和也曾翻译景教碑文（L'inscription nestorienne de Si-ngan-fou），他断句至"度僧廿一人"。[2] 断句至"度僧廿一人"的主要依据是《唐会要》中"大秦寺"这一条目的记录：

> 贞观十有二年秋七月，诏曰：道无常名，圣无常体，随方设教，密济群生。波斯僧阿罗本，远将经教，来献上京，详其教旨，元妙无为，生成立要，济物利人，宜行天下所司，即于义宁坊建寺一所，度僧廿一人。[3]

---

1 Ignatius Ying, "A New English Translation of the Nestorian Tablet", *Bulletin of the Catholic University of Peking*, No. 5, p. 93.
2 E. C. Bridgman, "The Syrian Monument", *The Chinese Repository*, Vol. 14, No. 5 ( May, 1845 ), p. 210; Alexander Wylie, "Nestorian Tablet in Si-ngan Fu", *in Chinese Researches* ( Shanghai: American Presbyterian Mission Press, 1897 ), Part II, p. 28; A. C. Moule, *The Christian Monument at Si An Fu* ( Shanghai: North-China Branch of the Royal Asiatic Society, 1935 ) , p. 28; Paul Pelliot, *L' inscription nestorienne de Si-ngan-fou* ( Paris: Collège de France Institut des Hautes Etudes Chinoises, 1996 ) , p. 102.
3 王溥《唐会要》，中华书局 1955 年版，第 864 页。

问题在于，这一条目是诏书的全部内容吗？

古文原本没有标点，诏书内容和一般记叙内容无法通过标点符号表示出来。因此要解决断句问题，必须依靠对《唐会要》中各种诏书体例的研究，当代学者的结论是："'大秦寺'条目下的诏书内容应该结束于'宜行天下'，因为没有出现'令'，'所司即于义宁坊建寺一所，度僧廿一人'属于'所司'的主动行为，不是被动行为，因此不属于诏书内容。"[1]同理，景教碑文中诏书也应该断至"宜行天下"。英千里的处理是完全正确的。

景教碑文不到两千字，可是断句和理解并不容易。裨治文曾经感叹道："即使请一百个中国学人来阐释景教碑文的意义，他们对于其中某些部分也会做出不同的理解。"[2]这绝非夸张，碑文富含教义，文字简约且骈散交错，对于外国人来说，就更容易陷入"语言的牢笼"。

上引碑文最后一句"巨唐道光，景风东扇"，是说在唐朝的优惠政策和有利形势下，景教发展迅猛，还是比较好理解的，但和这句对仗的"宗周德丧，青驾西昇"就不那么简单了，其中埋伏了一个老子出关的典故。裨治文的翻译是：The power of the illustrious Chau dynasty having fallen, the green car having ascended westward；伟烈亚力的翻译是：When the virtue of the Chow dynasty declined, the rider on the azure ox ascended to the west；佐伯好郎的译文是：The virtue of the honored house of Chou had died away; the ( rider on ) black chariot had ascended to the west；穆尔的译文是：When the virtue of

---

[1] 聂志军《唐代景教文献研究》，中国社会科学出版社2016年版，第63页。
[2] S. W. Williams, *The Middle Kingdom* ( New York: Wiley & Putnam, 1848 ), Vol. 2, p. 291.

the ancestral house of Chou failed, the dark chariot went up toward the west。[1] 除了伟烈亚力，其他三人都把"驾"翻译成了车子（car, chariot）；伟烈亚力虽然知道骑的是牛，但谁骑在上面似乎不甚了了，只用了一个 rider，而且用 azure 来形容牛也很少见，azure 一般都是指蔚蓝色的天空。相比之下，还是英千里的译文更到位：Lao-tze mounted on a black ox departed out of China to the West。

前文提到，中国景教属于基督教异端聂斯托利派，其教义反对圣母崇拜。除此之外，根据当代学者的研究，景教还反对圣像崇拜。根据这样的认识，我们再来看上引碑文中的一句话："大秦国大德阿罗本，远将经像，来献上京"。英千里将"经像"翻译成 Scriptures and Images，他之前和之后的裨治文和穆尔也是如此翻译，伟烈亚力译为 Sacred books and images，[2] 意思也是一样。从字面上看，四个人的翻译都不错，但从景教的性质来看，"经像"只应翻译"经"（scriptures, sacred books），而必须舍弃"像"（images）。值得注意的是，这句话在《唐会要》中的版本是："波斯僧阿罗本，远将经教，来献上京"。这里"经教"显然比"经像"更少迷惑性。

作为一个优秀的翻译家，不仅要有过硬的语言功夫，更需要深入把握

---

[1] E. C. Bridgman, "The Syrian Monument", *The Chinese Repository*, Vol. 14, No. 5（May, 1845）, p. 210; Alexander Wylie, "Nestorian Tablet in Si-ngan Fu", in *Chinese Researches*（Shanghai: American Presbyterian Mission Press, 1897）, Part II, p. 28; Yoshiro Saeki（佐伯好郎）, *The Nestorian Monument in China*（London: Society for Promoting Christian Knowledge, 1916）, p. 173; A. C. Moule, *The Christian Monument at Si An Fu*（Shanghai: North-China Branch of the Royal Asiatic Society, 1935）, p. 28.

[2] E. C. Bridgman, "The Syrian Monument", *The Chinese Repository*, Vol. 14, No. 5（May, 1845）, p. 210; Alexander Wylie, "Nestorian Tablet in Si-ngan Fu", in *Chinese Researches*（Shanghai: American Presbyterian Mission Press, 1897）, Part II, p. 28; A. C. Moule, *The Christian Monument at Si An Fu*（Shanghai: North-China Branch of the Royal Asiatic Society, 1935）, p. 28.

翻译对象的精神实质。我国最早的景教研究专著《景教碑考》（冯承钧著）出版于1931年，而英千里的翻译完成于1928年，因此对于个别的错讹我们也不应该过于苛求。

在敦煌文献发现前，景教碑几乎是唯一的研究资料。19世纪末，随着敦煌藏经洞的发现，更多的景教文献开始进入人们的视野，其中《宣元本经》《志玄安乐经》两种先为晚清收藏家李盛铎所有，后流失到日本，今存日本。

1931年，辅仁大学校长陈垣拜访李盛铎，抄写了《宣元本经》卷首10行，约190个字："时，景通法王，在大秦国那萨罗城和明宫宝法云座，将与二见，了决真源，应乐咸通，七方云集，有诸明净士，一切神天等妙法王，无量觉众，及三百六十五种异见中民，如是族类，无边无极，自嗟空昧，久失真源，馨集明宫，普心至仰，时景通法王，端严进念，上观空皇，亲承印旨，告诸众曰：善来法众，至至无来，今柯通常，启生灭死，各圆其分，静谛我宗，如了无元，碍当随散。即宣玄化匠帝真常旨，无元无言，无道无缘，妙有非有，湛寂常然。吾……"。他将这份珍贵的文献送给了佐伯好郎，佐伯将之翻译成英文，发表在了《学志》第九期上。

值得注意的是，佐伯在个别重要概念和名称的理解和翻译上有商榷的余地。如他将"景通法王"翻译为King-ching（Mar Sergis, 860-872 A. D.），从King-ching来看，是指景净（景教碑文作者），但从Mar Sergis来看，又是指景通（景教碑文侧面人名中之"景通"，英文名字拼写为Ching-t'ung。但在当代一些学者看来，将"景通法王"理解为耶稣更为合理，朱维之指出："在《景教流行中国碑》底侧面刻了许多僧人名号，中间也有'僧景通'之名，但那景通只是'副德'，不得称为'法王'。景教碑的侧面，'僧景通'

三字上面还有叙利亚文注明是 Mar Sergis, …… 由此看来，Mar 之为 '景'无疑，Sergis 之为 '通'也自在理中。若把这名字看做 '以马内利'也可通，也有 '通天教主'之义。那么 '景通法王'也可说是耶稣了。否则在保罗之前，能于拿撒勒城大显法力，七方云集，都来听他说教的，还有谁呢？"[1] 笔者认同这一理解，景通法王指的是耶稣，不是景净，也不是景通。

《志玄安乐经》的情况则更为复杂。最早从李盛铎处看到原件的是日本东方学家羽田亨，羽田抄录并公开《志经》录文后，佐伯好郎参考羽田本录文并率先将《志经》英译，于 1934 年将英译稿和汉字录文发表在《辅仁英文学志》第九期上。值得注意的是，在汉字录文方面，佐伯在没有看到原件的情况下，首先将羽田本中有疑问的地方（用问号？在录字旁表示）根据自己的判断写定，其次是更为大胆的做法，将原写本首端残缺部分（第一至十行，约残 90 字）加以填补。佐伯后又将其录文收入 1935 年出版的日文著作《景教之研究》、1937 年出版的英文著作《中国的景教文献及遗物》（The Nestorian Documents and Relics in China）、1943 年出版的日文著作《支那基督教之研究》第一卷。由于佐伯的这三部书一直被视为中国景教研究的权威之作，在海内外学界影响极大，因此，在原件没有公布之前，学者所用《志经》文本，都是根据佐伯本录文。

由于种种原因，《志玄安乐经》的原件直到 2011 年才公布，景教学者的最新研究发现，羽田亨当年抄录时有不少错漏，其中最大的错误出现在"船舶既全，前岸可到"这一句，"全"，底本作"全"，清晰可辨。羽田本作空格"囗"，佐伯本补作"破"。"全""破"意义截然相反。"前岸可到"，羽田本作"前岸不可到"，衍录"不"，佐伯本照抄为"前岸不可

---

[1] 翁绍军《汉语景教文典诠释》，三联书店 1996 年版，第 160 页。

到",并据此文义补羽田本"口"为"破"。英文翻译是"Though the boat may be able to sail over the windy sea, yet he may not arrive on the opposite shore, if the boat itself is already（wrecked）."[1]这就完全与原文相反了。

尽管佐伯当年因为无法看到原件,跟着羽田后面犯了一些错误,但总体来看,他的成绩是非常可观的,一位景教文献的最新研究者指出:"佐伯好郎在完全没有见过《志经》原件和照片的基础上,仅凭羽田亨的录文进行研究,就大胆地把羽田亨踌躇未定的字确定下来,这种做法,在《志经》照片没有公布之前来看,无疑是冒有很大的风险,不符合历史文献整理的一般原则。但是今天看来,佐伯好郎确定的羽田本带"？"标识的字词都被认为是正确的,其当年的冒失之举绝不是如我们以前所想象的"臆测杜撰",而应该是建立在对《志经》文本内容深入研究前提下进行的。……此外,佐伯好郎对第二至十下半部底本残缺文字进行的补录,以前也评价不高。但是,今天看来,在没有新的《志经》版本发现之前,要想推进《志经》的研究,只能从《志经》文本入手,结合其他宗教文献。佐伯好郎的补录文字虽然未必全对,但是最终大胆尝试的做法无疑值得肯定。总而言之,佐伯好郎实在无愧于中国景教研究第一人的称谓。"[2]

另外值得注意的是,佐伯《志经》录文和英译最初发表于《学志》1934年11月第九期,后来又收入其1937年版英文著作《中国的景教文献及遗物》。以往学界普遍认为1937年版和1934年版是完全一样的。实际上却有一些出入,值得引起相关学者的高度注意。

---

[1] P. Y. Saeki, "The Sutra on the Mysterious Rest and Joy", *Bulletin of the Catholic University of Peking*, No. 9, p.119.
[2] 聂志军《唐代景教文献研究》,中国社会科学出版社2016年版,第140—141页。

## 二、《中西交通史料汇编》的"序"

辅仁大学建立以来，一直高度重视学术出版工作，根据《学志》第六期上高德厚所列的校方出版物目录（The Publications of the Catholic University of Peking），可以知道这一时期辅仁大学出版了大量与中西交通有关的书籍文献，如明末传教士傅汎际（Francis Furtado）和李之藻合译的《名理探》（Logica）、奥图尔在大英博物馆复制的《斯隆抄本》（《圣经》最早的中文译本）、张星烺编撰的《中西交通史料汇编》、清代耶稣会传教士利类思（Ludovico Buglio）翻译的《弥撒经典》等。一些新发现的史料也由辅仁大学影印成册，如《康熙与罗马使节关系文书影印本》《明季之欧化美术及罗马字注音》，它们都是辅仁教员遍访公私收藏、抄录和整理的明清之际西学东渐及中西关系的重要文献。

在这些出版物中，张星烺编撰的《中西交通史料汇编》是特别值得关注的，该书1930年由辅仁大学出版后，很快成为一部名著。全书六册，分为九编：（前编）上古时代之中外交通、（第一编）古代中国与欧洲之交通、（第二编）古代中国与非洲之交通、（第三编）古代中国与阿拉伯之交通、（第四编）古代中国与亚美尼亚之交通、（第五编）古代中国与犹太之交通、（第六编）古代中国与伊兰之交通、（第七编）古代中国与中亚之交通（上下）、（第八编）古代中国与印度之交通。编者主要利用了中国上古至明代的丰富史料，并佐以外国学者的论著，完成了这一极具学术价值的工作。高德厚在介绍文字中对该书给予了高度评价，并且大段引用了奥图尔为该书所写的英文序言。但这份序言在后来再版的《中西交通史料汇编》中都被删除了。

中华书局 2003 年版（四册）是该书现在最为通行的版本。该版 "重印说明" 有这样一段文字："张星烺先生（1881—1951）字亮尘，江苏泗阳人。早年曾留学美国、德国，回国后先后担任北京大学、辅仁大学教授，主要讲授中西交通史。他编注的《中西交通史料汇编》（共六册）早在 1930 年便作为《辅仁大学丛书》第一种问世。书中将古代中外史籍中关于中西交通的史料按地区、年代先后汇辑，加以注释和说明，创见甚多。张先生亦以此书作为我国中外交通史学奠基者之一而享誉中外。此书在上世纪五十年代以前曾由辅仁大学多次重印。我局也于 1977 年请朱杰勤先生重新将此书校订出版。校订工作主要是查对引书资料，改正错讹，统一编排体例，并将繁体字改简体横排。但新版当时只限制内部发行，印数不多，流传不广。此后近三十年间中外交通史（中外关系史）的研究已有许多新的发展，但由于张先生这套书资料比较集中，前人的研究成果亦多有参考之处，仍是目前中外关系史研究的基本参考书，所以现将它再重印。书中除改正排印中的错字外，还恢复了 1977 年版中被删去原书中的朱希祖序，自序和前编《上古时代之中外交通》（汉武帝以前的中外交通）。"可见《汇编》前后有三个版本，1977 年版是印数最少，也是最不容易看到的。

如果翻阅 1930 年初版，就会发现上述说明文字遗漏了一个信息，在朱希祖序、自序之前（也是全书最开始部分）还有一篇英文序言（Preface），作者就是当时辅仁大学校务长奥图尔。在这篇序言中，奥图尔校务长首先对张星烺的家学渊源（其父张相文是中国地学会和《地学杂志》创办人）表示了敬意，接着指出了张的优势和《汇编》的贡献："本书的主题是中国和其他国家的关系，就我所知，张教授是中国第一位全面讨论这一问题的专业学者。在他之前，西方学者如 Henry Yule, Henri Cordier, Jean P. G.

Pauthier, Friedrich Hirth 都曾做过这方面的研究，但都不能像张教授这样熟练地使用中文文献。……西方的汉学家和历史学家通过欧洲和中亚的文献研究中外关系，积累了大量的知识和信息，对此张教授的学术训练可以让他毫无障碍地利用，同时他又能充分运用丰富的中文史料。这样他发现了很多此前无人知晓，或仅凭猜测的中外关系史实。他的这些发现对于有兴趣研究欧洲、中亚、东亚历史的学者都将大有助益"。[1] 研究中外关系必须中外兼通，张星烺既有深厚的国学基础，又在海外留学多年，确实具有得天独厚的优势。在《汇编》之前，他的代表作是将 Henry Yule 和 Henri Cordier 译注本《马可波罗游记》的"导言"翻译成了中文。不管外语多好，和外国学者相比，中文始终是中国学者的优势所在。

在众多的新发现中，让奥图尔校务长最感兴趣的是张星烺对于匈牙利人来源的考察。匈牙利人是否是匈奴人后裔？对此问题国外学者一直众说纷纭，张星烺在《隋书·北狄传》"铁勒"一节中找到了最早的可靠证据："北褥九离部即今匈牙利之祖先也。铁勒他部，或消灭，或式微，唯此一部唐末时迁入欧洲后，在欧洲历史舞台，演重要职分。中国《隋书》似为最先记录此族者也。西方各国记此族者，以阿拉伯依宾福次兰（Ibn Fozlan）为最先。福次兰于公元第十世纪初（五代时），奉阿拉伯哈利发（Caliph）之命，出使窝尔加河畔布尔加利国（Bulgars）。有《纪行书》流于后世。佛连恩（Fraehn）于一八二二年（清道光二年）尝译成法文题为《北褥九离记》（De Bashkiris）。福次兰时，北褥九离族居里海北，窝尔加河之东。其地至今仍有北褥九离族人也。"[2] 用中外史料互相证明是《汇编》的最大特色，

---

[1] G. B. O'Toole, "Preface", 张星烺《中西交通史料汇编》，辅仁大学出版社1930年版，第1—2页。
[2] 张星烺《中西交通史料汇编》，中华书局2003年版，第177—178页。

正如张星烺在《自序》中所说："书既为叙述古代中西交通而作，若仅据中国文字，而不有西国记载，则仍是片面考古，而非完全信书。中国记载，证以外国事实，或外国记载，证以中国事实。于是乃全信矣。上下古今数千年，数千百条之记载，虽不能条条有证，而作书精神，则在于是。"

对于这样的"作书精神"，另外一位序言作者朱希祖给予了高度评价，他在序言的最后写道"昔者马骕专治三代古籍，著成《绎史》，蔚为巨观。余尝为《中国史学史》，叙吾国史学之渐次进化。以马氏《绎史》为之殿，盖以其书为吾国史学体裁之最进化者也。其渊博骏伟，亦并世无两。今张君此书，视《绎史》更为进化；而其学殖之渊博，识见之骏伟，以视马氏又何多让耶！"[1] 朱希祖是研究中国史的大家，所以很自然地从中国史学的角度来评价《丛编》，而上文我们看到，奥图尔则强调张星烺对于 Yule、Cordier 等西方前辈学者的超越。一中一西，两位序言作者的角度恰好可以相互补充。

奥图尔是美国本笃会资深教士，1925 年 1 月被罗马教廷任命为辅仁大学第一任校务长（Rector），直到 1933 年 2 月德国圣言会接办辅大为止。他不像朱希祖是专业的历史学家，但他的这篇英文序言却不乏学术眼光，而且文字清通，要言不烦；同时作为《汇编》初版的一个组成部分，也自有它的史料价值。希望今后《汇编》再版时能够收入，至少作为附录。2003 年版的附录收入了著名中外关系学家冯承钧评《汇编》的文章，以及张星烺的答复，是非常有益的参考。

---

[1] 朱希祖"序"，张星烺《中西交通史料汇编》，辅仁大学出版社 1930 年版，第 6 页。

## 第三节 中国建筑研究

建造融合中西风格的校园建筑是辅仁大学初创时期的一个重要议题。为此,《学志》刊载了一系列与建筑艺术有关的文章,如翻译第一位驻华宗座代表刚恒毅(Celso Costantini)致两位外籍神父的信件,题为《传教事业所需要的中式基督教建筑》(The Need of a Sino-Christian Architecture for Our Catholic Missions),从艺术、宗教、历史和实用四个维度对中式基督教建筑的基本原则提出要求,对西方教会过于热衷在华修建哥特式教堂提出了尖锐的批评。这一观点得到了不少西方人士的赞同和支持,其中最重要的一位是刚恒毅的好友、著名建筑设计师格里森(Adelbert Gresnigt)。1926年1月27日格里森受教廷派遣,从比利时来到辅仁,负责为学校设计中西合璧的校园建筑。

格里森在《学志》上发表了两篇文章:《论中国的建筑》(Chinese Architecture)和《对中国建筑的思考》(Reflections on Chinese Architecture),全面论述了中国建筑的主要特征以及在教堂建筑中表现这些特征的方法。

在《论中国的建筑》一文中,格里森用比较简洁的语言将中国建筑的特色进行了分析。在文章一开始他写道:

> 一般来说,中国建筑的精华是寺庙。寺庙的主要房屋围合成一个

封闭的院落，形成一组建筑群体。典型的院落由一系列方院空间组成，主要建筑物的轴线及主入口朝南，环绕着方院的柱廊近似于古罗马时期的巴西利卡布局风格。这种院落极有情趣并充满着宁静祥和的气氛，苍劲的古树伸展着弯弯曲曲的枝丫，呈现出勃勃生机，与柱廊里那排列整齐刚挺的柱子形成了鲜明的对比。方院是通过位于中轴线上的道路联系起来的，中轴线上那开敞的门洞造成了一种具有透视效果的景深。在视觉上，院内道路似乎延长了两倍的距离。这种方院式的组成手法使中国建筑具有生长发展的重要特征。在方院之内，建筑的位置是精心安排的，细部装饰也煞费苦心，所有的木质材料都涂上了一层艳丽的色彩，整个建筑的外形由奇特的线条和金光灿烂的色彩所构成。道路尽头是一座庞大的建筑物，即真正的寺庙，仿佛在你看到它之前就已存在于心中，具有一种强烈的宗教震撼力和神秘感。寺庙坐北朝南向东西舒展，稳卧在由基座和栏杆组合的宽阔平台上，横线条构图使这座建筑显得如此庄重安详，似乎整个方院都弥漫着一种修道院式的气氛。建筑正立面的柱子排列比例和谐，经过刻意装饰的柱子和横梁支撑着一个壮丽宏伟的黄赭色的琉璃瓦大屋顶，屋顶则由排列整齐的椽子和屋架稳稳地承托着。屋顶的每一根柔和的线条均有严格的规定。寺庙的结构体系表现出逻辑和艺术相结合的惊人魅力，整幢建筑从外轮廓到每一处细部处理无不渗透着一种民族精神。

在接下来的部分，格里森指出，中国建筑的结构体系由基础、墙身、屋顶等三部分构成，并对这三者进行了介绍，其中他认为屋顶是最重要的："屋顶是中国建筑艺术的最高境界，优美的曲线使屋面就像一个精心编织的巨大华盖。……柔和的曲线是中国式屋顶最独特的表现方式之一，许多重要建筑的屋顶组合就如同专业音乐家演奏动听的乐章一样。这类建筑多集中在中国北方，北京的皇宫就是突出的实例。宏伟的尺度、和谐的比例、柔和的曲线构成了庄重高贵的建筑外形，使人们领略到极其强烈的艺术感染力。正脊水平线条与垂脊竖向线条的交接使屋面变化格外丰富，所有这些似乎暗示着在这陶瓷的华盖之下是一个充满着无穷幻想的空间。"接下来格里森重点分析了中国建筑与西方建筑的差异，主要从以下三个方面："首先是基础部分。中国建筑的基础是外部造型的重要内容，而西方建筑的基础则是隐蔽不露或降低到根本不引人注意的高度。对中国建筑来说，基础的造型功能是绝对不能忽视的，凡是大型建筑物不仅基础的构成方式有一定的规律性，而且还常常用栏杆和平台来突出这一显著特征。其次，中国建筑的主立面是矩形平面的长边，而不像西式教堂那样以山墙为主立面。另外，中国建筑的主立面一般朝南，这种南北方位的建筑布局方式是中国人自古以来的固有传统习惯，无论皇宫衙门或普通民居，建筑物总是正南正北并尽可能增加南向长度。这种追求朝向的结果导致了以水平线为主的立面构图方式，与此相反，欧洲建筑的主立面是山墙，采用的是以垂直线为主的立面构图方式。中国建筑的平面基本上是规整的长方形。有人认为中国建筑之所以采用水平线条构图，其原因在于中国建筑被局限于追求简单的设计理论。这种解释显然没能抓住中国建筑的本质，如中国的塔也有许多层，其环状平面逐层重复并向上按比例缩小，但仍然保持了水平线的构图方式，就同绘画中的基本色调一样；城墙的门楼也有许多层，也没有用竖线条来强调其高度，反而以重檐、阳台和挑楼的分层手法来尽力达到水平线构图效果。这只能归结于中国建筑艺术所特有的偏爱和审美习惯，即水平线构图蕴藏着一种理想与平和宁静的民族精神，这与西方哥特式建筑以竖线条为主的构图方式有根本的区别。这种区别甚至在书写数字方面也表现出来，西方的罗马数字是竖线条构成的，中国数字则是用横线条构成的。可以说，对水平线构图方式的偏爱来自于中国人的性格特征。或许没有任何西方建筑形式能像中国建筑那样，以一种无声的语言来充分表述出一个民族的精神所在，就连北欧的哥特式建筑也不能与之相比。中国建筑与西方建筑的第三点差异是屋顶部分。西方建筑尽可能降低屋顶在造型方面的重要性，往往借助于挑檐和女儿墙来遮掩屋顶，中国建筑则相反，屋顶就相当于建筑的王冠一样，屋面的一个排水口也会成为无拘无束的艺术幻想之媒介，中国人似乎在屋顶造型方面倾注了自己的理想，其实用功能倒是其次的，只要稍微注意一下那两重或三重的屋顶形式，就不难理解这一概念了。但是由于支撑结构的材料是木头而非砖石，需要通过某些方式来增加视觉上的柔和感，减少铺满琉璃瓦的大屋顶的沉闷感，为了达到这一目的，檐角以优美的曲线向上反卷，形成一种类似帐篷的造型，一种中国特有的大帐篷。檐角上翘不仅打破了连续延伸的单调水平线条，增加了屋面的层次，还突出了屋面那种凸凹起伏的生动形象，屋面用不同脊线进行了划分，每一条脊线都进行了装饰处理。屋面之上还有许多陶瓷和青铜镀金的装饰物，使整个屋面显得热闹活泼，富有生气。事实上，中国建筑的屋顶就是一种涂釉的精美艺术品。"在文章的最后格里森指出，"一个不容置疑的事实是，中国建筑是中国人思想感情的具体表现方式，寄托了他们的愿望，包含着他们民族的历史传统。与其他民族的文化一样，中国人也在他们的艺术中表现出本民族的特征和理想。中国建筑在反映中华民族精神的特征和创造力方面并不亚于他们的文学成就，这是显示中国精神的无声的语言。"[1]

总之,格里森反对用纯粹的西洋风格,而主张中西结合。他将这一方法落实到辅仁大学的建筑和景观设计中,形成中西合璧的风格,这最好地体现在大学主楼的设计上:"它是一座宫殿式的建筑,除东西南北四个角楼及中间大门为三层楼外,其余都是二层楼。楼顶铺有绿色的琉璃瓦,每一个玻璃窗都是雕花的木框,所用的砖都是二尺厚、四尺长的浅灰色的水磨砖,不用粉刷就能永远保持平滑的外貌。校舍大门仿宫殿式的大门,木制红漆各镶有金黄色的铜乳头,最上层的窗凸出,像个佛龛,美仑美奂之中又不失一番庄严的气氛,当时被誉为北平三大建筑之一。"[2]格里森以他的实践和在《学志》上的文章为推动和完善中式与基督教式相结合的建筑风格做出了自己的重大贡献。

从当时全国范围来看,各教会大学都力图顺应中国人引入西学的大趋势,同时又正值基督教"本色化运动",许多传教士加深了对中国传统文化的认识,从而推动了在华西方教会的世俗化、本土化,促进了中西文化的交流,以辅仁为代表的校园建筑最直观地体现了这一点。

在中国古建筑研究方面,《学志》还登载了艾克的《中国建筑的男女像柱》(Atlantes and Caryatides in Chinese Architecture)和《福清两石塔》(Two Ashlar Pagodas at Fu-Ch'ing in Southern Fu-Chien),这两篇文章都利用了他在厦门大学任教期间在福建进行的实地考察和搜集到的图文资料。

---

[1] Adelbert Gresnigt, "Chinese Architecture", *Bulletin of the Catholic University of Peking*, No. 4, pp. 33-38.
[2] 孙邦华《会友贝勒府——辅仁大学》,河北教育出版社2004年版,第28页。

# 《辅仁英文学志》篇目

### 第一期（1926年9月）

The Chinese name of the Catholic University of Peking

Buildings and grounds

A general prospectus of the institution

G. B. O'Toole: The spiritual lineage of the Catholic University of Peking

Ignatius Ying（英千里）: The last emperor of the Ming dynasty and Catholicity

Obituary of Sir Vincent Ying（英敛之）

Vincent Ying（英敛之）: Letter to Pope Pius X

The MacManus academy of Chinese studies

Joseph Fabrègues: A survey of higher education in the city of Peking

The society of friends of the Catholic University of Peking

Chronicle of events connected with the origin of the Catholic University of Peking

### 第二期（1927年3月）

Foreword

Encyclical letter of Pope Pius XI on promoting Catholic missions

Prior Ildephonse（伊德风）: A pilgrimage to the trappist monastery of Yang Chia Ping

The Catholic University of Peking: a catholic missionary of northern China

The university shelters refugees

The chronicle

### 第三期（1927 年 9 月）

Forward

Celso Costantini（刚恒毅）: The need of a Sino-Christian architecture for our Catholic missions

Callistus Stehle: Glimpses of China

G. B. O'Toole: Random notes on early Christianity in China

F. X. Claugherty（高德福）: The development of education in China

The chronicle

### 第四期（1928 年 5 月）

Foreword

Sir Theodore F. MacManus, K.C.S.G.

The inauguration and registration of the School of Arts

"Know Thyself": address of the most Rev. Celso Costantini at the inaugural ceremony

Adelbert Gresnigt（格里森）: Chinese architecture

James H. Ingram（盈亨利）: The "lost tribe" of China

Ch'en Yüan（陈垣）: Manichaeism in China

Sylvester Healy（邢锡礼）: The importance of higher education to the Catholic missions of China

The chronicle

## 第五期（1928 年 10 月）

Forward

M. Alphonse Monestier: The monk Lu Cheng-hsiang

Prior Ildephonse（伊德风）: A journey to Hsuan-hua-fu on occasion of the consecration of Bishop Peter Ch'eng,

Francis Clougherty（高德福）: The Franciscan contemporaries of Marco Polo

Charles Rauth: China's relations with the West from the accession of Yao（2357 B.C.）to the end of the San Tai period（249 B.C.）

Ignatius Ying（英千里）: A new English translation of the Nestorian Tablet

Message of The Holy Father

Callistus Stehle: The Pope's message

University athletics

The chronicle

## 第六期（1929 年 7 月）

Foreword

Sylvester Healy: The plans of the new university building

G. B. O'Toole: John of Montecorvino: first archbishop of Peking

Charles Rauth: China's relations with the West(continued)

Francis Clougherty（高德福）: The publications of the Catholic University of Peking

Prior Ildephonse（伊德风）: A visit to the T'ai Shan

Ignatius Ying（英千里）: The secularization decree of Emperor Wu-Tsung

University athletics

The chronicle

### 第七期（1930年12月）

Foreword

In memoriam

Gregory Schramm: The laying of the corner stone

Lu Cheng-hsiang（陆徵祥）: The relation of the church with the nation and with society in China

Chang Hsing-lang（张星烺）: The importation of negro slaves to China under the Tang dynasty

Gustav Ecke（艾克）: Atlantes and caryatides in Chinese architecture

P. J. Thomas: Was the apostle Thomas in south India?

Wm O'Donnell: Progress at the Catholic University of Peking

University athletics

The chronicle

## 第八期（1931年12月）

Foreword

Adelbert Gresnigt（格里森）: Reflections on Chinese architecture

Hsiao's record of the imperial palaces of Khanbaliq, translation by Ignatius Ying（英千里）

Gustav Ecke（艾克）: Two ashlar pagodas at Fu-Ch'ing in southern Fu-Chien

Henri Bernard（裴化行）: Whence the philosophic movement at the close of the Ming?

Antoine Mostaert（田清波）: The Mongols of Kansu and their language

Walter Fuchs（福华德）: Remarks on a new "Hua-I-I-Yü"

From provisional to final registration: a record of events intervening between the University's first and fifth year

Contributions, criticisms and comments

The chronicle

## 第九期（1934年11月）

Foreword

Antoine Mostaert（田清波）: Ordosica

Walter Fuchs（福华德）: Mandjurica

P. Y. Saeki（佐伯好郎）: The sutra on the mysterious rest and joy

P. Y. Saeki（佐伯好郎）: The Ta-Ch'in luminous religion sutra on the origins of origins

Edouard Tchang：L'enseignement superieur contemporain en Chine

Gustav Ecke（艾克）：Sechs schaubilder pekinger innenraeume des achtzehnten jahrhunderts

F. X. Biallas（鲍润生）：Aus den neun liedern des Kü Yüan

F. X. Biallas（鲍润生）：Recent studies in Chinese lexicography

The chronicle

Table of contents of bulletins no. 1-9

# 第三章
## 《图书季刊》及其前身

# QUARTERLY BULLETIN

## OF

# CHINESE BIBLIOGRAPHY

| Vol. I | March, 1934 | No. 1 |

### CONTENTS

To the Reader .................................................. 1-2
Tsen, Kio Tchi: La Nouvelle Littérature Chinoise.. 3-17
Ferguson, John C: All Men are Brothers. (A Review) .................................................. 18-21
Notes and News.................................................. 22-28
Selected Publications, 1933:
 I. Books in Chinese .................................. 29-37
 II. Books in Foreign Languages .................. 37-42
 III. Government Publications ...................... 42-43
Index Translationum, 1933 ............................... 44-53

SHANGHAI
CHINESE NATIONAL COMMITTEE
ON
INTELLECTUAL CO-OPERATION

*Editorial & Publication Office*
NATIONAL LIBRARY OF PEIPING
PEIPING, CHINA.

[ENGLISH EDITION]

《图书季刊》第 1 卷第 1 期

## 第三章 《图书季刊》及其前身

除了高校和研究机构之外，民国时期北京最重要的学术机关是国立北平图书馆（以下简称为平馆）。平馆的前身之一是清宣统元年（1909）由学部奏请设立的京师图书馆，民国后仍沿用京师图书馆之名。1915年，北洋政府教育部决定以方家胡同为京师图书馆馆址，并筹备改组。翌年3月6日，教育部通令："凡国内出版书籍，均应依据出版法，报部立案，而立案之图书，均应以一部送京师图书馆庋藏，以重典策，而光文治。"[1] 京师图书馆遂初步具有国家图书馆的地位和作用。

1925年6月2日至4日，中华教育文化基金董事会在天津举行第一次年会，通过美国退还庚款分配款项原则，其中规定的两大用途之一即"促进有永久性质之文化事业，如图书馆之类"[2]。同年9月28日，该董事会通过与北洋政府教育部合办图书馆契约案，但由于政局动荡，原议合办方式未能履行，便改由董事会独自承办。1926年3月1日，北京图书馆（The Metropolitan Library）由此成立[3]，假北海庆霄楼、悦心殿等处为馆舍，后因北京易名，随之改称为北平北海图书馆，该馆是国立北平图书馆的另一源流。

北伐成功后，1928年7月中华民国大学院改京师图书馆为国立北平图书馆，1929年6月，中基会接受南京国民政府教育部提议，将京师图书馆与北平北海图书馆合并改组为新的国立北平图书馆（National Library of Peiping），确立最高行政单位为图书馆委员会，每年的经常费和购书费均由

---

[1]《饬京师图书馆教育部片奏请规定出版图书分送京师图书馆》，《教育公报》第3卷第4期，1916年4月。

[2]《董事会报告》，《中华教育文化基金董事会第一次报告》，1926年3月，第3页。

[3]《沿革及组织》，《北京图书馆第一年度报告（民国十五年三月至十六年六月）》，1927年7月，第2页。

中基会承担。1929年8月29日至1940年3月,由蔡元培出任馆长,聘袁同礼为副馆长并以代理馆长名义主持具体馆务。后因蔡元培病逝,遂以袁同礼为馆长,直至其1949年初前往美国。自1929年至1949年,袁同礼和其执掌的平馆为中国图书馆现代化事业发挥了巨大的推动作用,其贡献在国内图书馆界是无与伦比的。

在抗日战争全面爆发前,平馆(及其前身)曾先后创办三份英文刊物——《北平北海图书馆英文季刊》《新增西文书目录》《图书季刊》,向国外学界及时介绍中国学术的情况,产生了重大的影响,对此本章将予以全面的研究。

# 第一节 《北平北海图书馆英文季刊》

## 一、刊物内容

1929年秋,北平北海图书馆对《北平北海图书馆英文季刊》(The Metropolitan Library Record)的发行历史做过如下追述:"自十七年五月起,馆中每月有月刊之刊行……月刊初合中英文为一,于西人颇感不便。爰于十月起,另刊英文季刊一种,专载西文书藏概况,已出四期云。"[1]其中,刊物最初名为《北京图书馆月刊》,后改称《北平北海图书馆月刊》(以下简称《月刊》),每月发行一号,正文部分先刊登中文文章,尾部附有少许英文内容。

1928年10月,《北平北海图书馆英文季刊》创刊,首期正文部分"馆讯"(Notes and News)起始处有如下公告:"本馆很高兴地宣布《英文季刊》出版,该刊旨在公布本馆当下所开展的业务情况,并借此与读者保持联系。在此之前,本馆读者群对沟通媒介的需求仅由《月刊》得以部分满足,因其只提供中文书目信息,而广大外国友人并未获得有用的资讯。"《英文季刊》由北海图书馆编辑出版,北京导报社(Peking Leader Press)承印,只

---

[1] 北平北海图书馆编:《北平北海图书馆第三年度报告(十七年七月至十八年六月)》,北平北海图书馆1929年版,第27页。

发行了一卷，共计四期，分别于 1928 年 10 月；1929 年 1 月、4 月、7 月刊行，后因"出版费日增，预算不敷"[1]宣告停刊。

《英文季刊》内容分为"馆讯""西文书分类目录"两大类。总体而言，《英文季刊》的"馆讯"内容大都对照《月刊》时间对应的卷号中的"馆讯"。以创刊号为例，除 Announcement 外，The New Building、International Exchange Service、League of Nations Publication、John Hay Memorial Room 基本与《月刊》第一卷第五号相关部分对应，分别为"天津复新建筑公司承造新馆""国际交换事务""国际联合会寄赠官书全部""海约翰纪念室"。[2]

然而，在保持大体对应的基本状态外，《英文季刊》偶尔也会出现两种较为特殊的情况。一是有些消息只出现在《英文季刊》的"馆讯"中，如 Census of the Yung Lo Ta Tien（第二期）、New Sinological Works（第二期）、Bulletin of the Metropolitan Library（第三期）、Sze K'u Ch'uan Shu（第四期）。二是有些消息虽在《月刊》中出现，但《英文季刊》中的篇幅则扩大数倍，且远远多于同期其他"馆讯"的文字，如 Chinese Diplomatic Documents 1836-1904（第四期），其对应文字在《月刊》中只是简单的报道，分别为"外交始末记之编纂"（一卷六号，1928 年 7 月）和"外交始末记编纂告竣"（二卷五号，1929 年 5 月）。事实上，这两种情况均为北平北海图书馆针对此份英文刊物的读者群有意为之的。换言之，虽然报道对象和范围与《月刊》相一致，但《英文季刊》受众群体则完全不同。例如，

---

[1] 国立北平图书馆编：《国立北平图书馆馆务报告（民国十八年七月至十九年六月）》，国立北平图书馆 1930 年版，第 30 页。
[2] 中文标题均依照《月刊》，参见《北平北海图书馆月刊》第 1 卷第 5 号，第 401—402 页。

第三期"馆讯"末尾处所刊行的短文——Bulletin of the Metropolitan Library 意在向外国读者解释,《月刊》的英文名称与其所发表的传统中国目录学内容之间存在很大差异,并希望西方学者更多关注《英文季刊》。而 Census of the Yung Lo Ta Tien、Sze K'u Ch'uan Shu、Chinese Diplomatic Documents 等文则是北海图书馆主动向西方学者介绍本馆、本地区重要学术动态的尝试和努力。以 Census of the Yung Lo Ta Tien 为例,该文介绍了《永乐大典》的成书历程、历代劫难、《四库全书》和它的关系、保存现状,便于西方学者了解该书概况。

与"馆讯"一样,"西文书分类目录"主题的内容也贯穿了《英文季刊》全部四期,其中前两期连载《北平地区图书馆藏有关中国问题西文图书联合目录》(Union List of Books Relating to China in Peking Libraries),[1] 除北海图书馆外,参与该项目的机构有:法华协会、中央地质调查所、北京协和医学院、华北协和华语学校、北京俱乐部、中国政治学会、清华大学、燕京大学。该目录基本涵盖了当时北平地区主要的学术单位,揭示了各公藏机构有关中国问题的西文图书馆藏情况,收录书籍以英文为主,兼有法文、俄文,其中最古旧者可追溯至17世纪,[2] 最晚近者则是1928年刚刚出版的书籍,每条书目均包括作者、书名、出版年、馆藏地四项信息。

《英文季刊》第三期、第四期"西文书分类目录"则依次收录了1929

---

[1] 该项联合编目最早为北平北海图书馆与华北协和华语学校两家合作,随后推广至中央地质调查所、北京俱乐部、中国政治学会等在北京的学术机构,参见《北京图书馆月刊》第1卷第2号"馆讯",1928年6月,第126页。

[2] 如 A. Brand, *Relation du voyage de Mr. Evert Isbrand envoyé de sa majesté Czarienne a l'empereur de la Chine, en 1692-94*(1699),参见 "Union List of Books Relating to China in Peking Libraries," *The Metropolitan Library Record*, Vol.1, No.1, p. 12.

年1—3月、4—6月北海图书馆新入藏西文图书选目（Recent Accessions Selected List）。此外，第三期还刊登了《馆藏期刊分类目录》（Classified List of Periodicals）；第四期则刊印了《馆藏西文自然科学成套期刊目录》（Sets of Periodicals on Natural Sciences in European Languages in the Metropolitan Library）[1]。这些书刊目录的编纂和排印的直接目的在于揭示北海图书馆的西文馆藏，并为阅览、参考、馆际互借等相关业务提供基础，反映出该馆对服务对象的考虑是中外并举，尤以《英文季刊》主要满足外国人士的需求，《月刊》则保持中国传统目录学、史学研究的方法和旨趣。

## 二、阅读群体和影响

到底是哪些"西人颇感不便"，换言之《英文季刊》意欲服务的对象是哪些机构和个人，值得关注并进一步探究。事实上，由该刊的内容可以确定，北京协和医学院、华北协和华语学校、燕京大学三家由美国人士主导的学术机构均与北海图书馆保有较为密切的关系。尤其是北京协和医学院，不仅赠送了大量英文学术期刊，更为馆员提供了年度体检服务。[2]此外，三家学校均参与北海图书馆主持的北平地区图书馆藏有关中国问题英文图书联合编目。在北平之外，美国哪些机构获赠了《英文季刊》？根据北平北海图书馆出版的三份年度报告可知，美国国会图书馆、美国教育联合会[3]、美国国

---

[1] 从英文题目看，这份目录只收录了欧洲（语言）的自然科学类期刊，但实际收录有日本出版的西文刊物，特此说明。
[2] "Notes and News", The Metropolitan Library Record, Vol.1, No.1, 1928, p. 2; "Notes and News", The Metropolitan Library Record, Vol. 1, No.3, p. 95.
[3] 《赠书述要》，《北京图书馆第一年度报告》，北京图书馆1927年版，第6页。

务院、哥伦比亚大学[1]、华盛顿美国学士院、格拉斯哥外科医学会、美国农林部、加利福尼亚大学、纽约动物学会、康奈尔农事试验场、密歇根大学、芝加哥天产博物馆[2]等美国机构均捐赠过大批书籍、刊物、专门目录。而根据图书交换的对等原则,北海图书馆理应回赠本馆出版物。由此不难推断,《英文季刊》的刊行目的之一即用于馆际间的赠阅。笔者查阅了美国国会图书馆、哥伦比亚大学图书馆、密歇根大学图书馆等机构的馆藏信息系统,发现它们均藏有北海图书馆出版的四期《英文季刊》。因此,美国各公藏机构的馆藏在一定程度上确实印证了这一推断。

然而,获赠《英文季刊》的西方公藏机构对其的反馈、关注的焦点、利用的角度又是怎样的,则有待进一步剖析。以"ProQuest 历史报纸:近现代中国英文报纸库"和 JSTOR 两个相关数据库为检索范围,以 1926 年至 1929 年为时间范围,仅收录有一篇与《英文季刊》相关的报道。加拿大出版的著名学术刊物《太平洋事务》(Pacific Affairs)对这份刊物有以下评价:"北平地区图书馆馆藏有关中国书籍的目录令人关注。倘若增加出版者名称,这份刊物对于研究中国的学者而言则更为宝贵,而现在只有书名、作者和馆藏所属地几项信息。"[3]这一概括性评述某种程度上代表了西方公藏机构对《英文季刊》的反响,即并不热衷于了解北海图书馆这一新建图书馆的"馆讯"消息,而是将关注点全部投向北平地区图书馆藏有关中国问题西文图书联合目录等书目信息,因为这类专门书目是欧美图书馆所缺乏的,而它们所服务的学者、学生极有可能愿意了解并加以利用。

---

[1]《赠书述要》,《北京图书馆第二年度报告》,北京图书馆 1928 年版,第 6 页。
[2]《赠书述要》,《北平北海图书馆第三年度报告》,北京图书馆 1929 年版,第 5—6 页。
[3] "Pamphlets", *Pacific Affairs*, Vol. 2, No. 4(1929), p. 228.

在公藏机构外，北海图书馆另有一批"外国友人"，其中可以查实者为罗斯（Herbert Ros）、福开森、普意雅（Georges Boullard）、劳佛（Berthold Laufer），他们均向该馆捐赠过相当数量的书籍或手稿。[1] 他们如何利用《英文季刊》，是否与西方公藏机构的反馈相一致，是十分值得探讨的，但以现有的史料和档案很难给出明确的答案。

但可以明确的是，范多恩（H. A. Van Dorn）在其著作《中国人的共和岁月：二十年之进步》（Twenty Years of the Chinese Republic: Two Decades of Progress）中，以北海图书馆协助编辑出版《清代外交史料》为实例，论述中华民国教育事业进步尤其是公共图书馆的快速发展，而其所依据的信息来源即《英文季刊》。[2] 此外，美国汉学家富路德在其博士论文《乾隆时期的文字狱》（The Literary Inquisition of Ch'ien-lung）中，大段引用了《英文季刊》中对《四库全书》编纂历史的介绍性文字，[3] 作为其讨论乾隆后期《四库全书》编修与文字狱兴起之间关系的重要背景。

---

[1] 北平北海图书馆：《北平北海图书馆第三年度报告》，北海图书馆1929年版，第5—6页。

[2] H. A. Van Dorn, *Twenty Years of the Chinese Republic: Two Decades of Progress* ( New York: A. A. Knopf, 1932 ), pp. 141-142.

[3] Luther C. Goodrich, *The Literary Inquisition of Ch'ien-Lung* ( Baltimore: Waverly Press, Inc., 1935 ), p. 111.

# 第二节 《新增西文书目录》

## 一、内容

《新增西文书目录》（The National Library of Peiping Bi-monthly Booklist）是继《英文季刊》之后，国立北平图书馆刊行的又一英文期刊。该刊自 1930 年初发行，至 1932 年底终刊，共出版三卷，每卷六期，共计 18 期。然而，平馆出版的概况、年报等文件对该刊的介绍失之简略，多以一句话带过，如"英文两月刊每月发行一次，专载西文书入藏概况"，[1] "自十九年一月每两月编有西文新书目录，由本馆刊行，分送各学术机关，读者称便"；[2] 更有甚者，《国立北平图书馆馆务报告（民国二十一年七月至二十二年六月）》对该刊停办未做任何说明。

在三年的刊行时期中，该刊如其题目，只有一个栏目——西文书刊目录，且其分类法自始至终保持不变，分为一般图书（A. General Works）、哲学和宗教（B. Philosophy, Religion）、历史学（C—G. Historical Sciences）、社会科学（H—L. Social Sciences）、音乐和美术（M—N. Music & Fine

---

[1] 国立北平图书馆编：《国立北平图书馆概况（民国二十年六月）》，国立北平图书馆 1931 年版，第 26 页。原文似有脱字，应为每两月发行一次，笔者谨作照录，特此说明。

[2] 国立北平图书馆编：《国立北平图书馆馆务报告（民国十九年七月至二十年六月）》，国立北平图书馆 1931 年版，第 29 页。

Arts)、语言与文学（P. Language & Literature）、自然和应用科学（Q—V. Natural and Applied Sciences）、图书馆学和书目（Z. Library Science and Bibliography）八大类。这基本遵循了美国国会图书馆的分类法。[1] 在此之下，每本书刊的书目信息依次是著（编）者、书名、出版地、出版社、出版年、卷数、页数，其中某些项则付诸阙如。此外，自第一卷第二期起增加书刊的分类号码。

倘若以孤立的视角出发，该刊除了自身的史料性、文献性外，书籍分类和书目信息项并无太多可供分析的空间，但就其分类和条目编写原则来看，却值得考察。1929 年，平馆对馆藏西文书刊的编目有如下表述："又西文书之分类编目在欧美各国均有相当之历史及研究，美国杜威十进法，一般咸以为便……本馆为应将来之需要起见，故采用美国国会图书馆分类法，虽间有不当之类目，而大致合乎科学，颇适用于大图书馆之收藏也。国会图书馆印有书目片上注书名、著者、版本、页数、分类号码等项，极便应用，故本馆西文书卡片均由该馆订购，凡该馆未印之书片则由馆自编焉。"[2] 该段文字与《北京图书馆第一年度报告（十五年三月至六年六月）》中的表述几乎完全一致[3]。换言之，无论是之前的北海图书馆还是合组成立后的平馆，其馆藏英文书刊的分类、编目一直保持连贯性，即以杜威十进法为基础，以书名、著者、版本、页数、分类号码为应有的信息项，或直接采取订购美国国会图

---

[1] 美国国会图书馆分类法可参见 Library of Congress, *Classification Outline Scheme of Classes*（Washington: Government Printing Office, 1922）.
[2] 国立北平图书馆编：《国立北平图书馆概况（民国十八年十月）》，国立北平图书馆 1929 年版，第 17 页。
[3] 北京图书馆编：《北京图书馆第一年度报告（十五年三月至六年六月）》，北京图书馆 1927 年版，第 16 页。

书馆书目卡片的方式,或通过自行编纂的补充手段,尽可能与后者相一致。

值得注意的是,从1930年起这两种途径的比重开始发生转换,平馆表示馆藏西文书刊"本年度已编成之书有五千四百零七册,凡目录片一万四千二百五十余张,除少数购自美国国会图书馆外,余皆自行编制。"[1] 1937年6月,平馆最新出版的馆务报告亦印证了这种转变,其西文书目录一节提到"共制目片一四五二三张,内购入美国国会图书馆印片六九六张,余皆自制"。[2] 针对这一变化,笔者认为主要基于两方面因素的考虑:一是合组后的平馆已有较为充足且合格的馆员专任西文编目事务,具体情况为"西文编目组组长严文郁,组员曾宪三、汪长炳、何国贵、李永安、王钦骞",[3] 而此前一年,北海图书馆"每购一书同时并购置美国国会图书馆书目片一份,虽手续较为繁重,但欧美新出之书均印有卡片,亦可减省分类编目之工作";[4] 二是购买美国国会图书馆书目卡片必须承担经费和时间双重成本,前者包括通讯邮资、购买费用,后者因受制于订购和运输周期会极大地影响书刊上架阅览的时间。因此,平馆逐步完善并承担馆藏西文书刊编目工作乃是出于自身的需求,而其成果不仅以书刊目录片的形式呈现,也通过《新增西文书目录》的刊印公之于众。

---

[1] 国立北平图书馆编:《国立北平图书馆馆务报告(民国十八年七月至十九年六月)》,国立北平图书馆1930年版,第26页。通过购买获得的可以推测为少数欧洲语言书刊和非常专业的学术类著作。

[2] 国立北平图书馆编:《国立北平图书馆馆务报告(民国二十五年七月至二十六年六月)》,国立北平图书馆1937年版,第9页。

[3] 国立北平图书馆编:《国立北平图书馆馆务报告(民国十八年七月至十九年六月)》,国立北平图书馆1930年版,第84—85页。

[4] 北平北海图书馆编:《北平北海图书馆第三年度报告》,北海图书馆1930年版,第21页。

## 二、价值与意义

无论是相对于之前的《英文季刊》,还是以此后的《图书季刊》(英文本)作参照,《新增西文书目录》的学术价值、地位和影响似乎均不能相提并论,并且可供分析、引征的史料极少留存,笔者只见过一则相关档案,为中央研究院历史语言研究所保存。原文如下:

> 迳启者,本馆自成立以来,广蒐书籍供众阅览。现自本年一月起,出版《新增西文书目录》一种,每两月刊行一次,藉资报告本馆西文书入藏状况,预定全年者仅收价一元(零售每册二角)。素仰尊处热心文化,倡导实学,敢以奉闻。即祈鉴詧,从速惠订,无任企盼。此致
> 历史语言研究所
>
> 　　　　　　　　　　　　　　　　国立北平图书馆启
> 　　　　　　　　　　　　　　　　四月五日[1]

该份档案实为制式文档,除了此致的对象——"历史语言研究所"和落款日期为手写外,其他文字均为统一印制,换言之,该文件曾批量印刷并寄送给众多学术、文化机构。由行文可以推断出,该文的主要目的即通过公告的方式来争取相当数量的订购者。然而,其诉求的结果如何,该份档案中并未有任何标注或批示,无法做出明确的判断。

在此之外,与《新增西文书目录》相关的史料无从索迹,这对于一份发行三年的刊物而言颇为尴尬。但笔者认为它仍有值得注意的两个方面。

---

[1]《北平图书馆来函》(1930年4月5日),"中央研究院"历史语言研究所藏,元389—6。

首先，该份刊物接续了《英文季刊》第三期、第四期"西文书分类目录"，直接呈现了平馆西文编目工作的成绩，更见证了其在中国现代图书馆编目标准化中所做出的不懈努力。其次，通过该刊今人可以较为准确、清晰地了解1930年至1932年平馆入藏西文书刊的具体情况，这对于此间平馆年度馆务报告中的"采购""编目及索引"两节是非常有益的补充，后者仅相应披露了"（西文）采购""（西文）编制卡片"的数量，单凭此并不能对平馆西文馆藏的特色有较为准确的认识，更不能较为具象地注意到其变化。而通过《新增西文书目录》我们可以看出，1929至1931年，平馆仍接续北海图书馆时期西文书刊的采购方针，即以自然科学和（整套）专门杂志为主要对象。但自1932年起发生了显著变化，除了因配合中基会协办静生生物研究所而依然注重购买动植物学书刊外，考古及人种学、东方学、西洋文学等门类书刊的采购数量均有大幅提高，尤其是东方学类书刊逐渐成为最受关注的对象。

# 第三节 《图书季刊》[1]

## 一、《中国书讯》

《中华图书馆协会会报》第九卷第二期（1933年10月30日发行）刊登了一则大同书店的广告，是该刊首次向全国图书馆界介绍该书店。其中第三条注明"本店以发扬文化为己任，国外著名学术机关团体，如大学、学会、图书馆、研究所等，皆专托搜购中国出版书籍，出有英文中国书讯一种，如有以新著新刊见示者，立当代为介绍。"[2]

事实上，自1931年秋[3]大同书店成立之日起，平馆馆员顾子刚作为该店的主要负责人即着手撰写并印制了一种名为《中国书讯》的册页，其最初的英文名为Chinese Book News，后改称Book News from China。[4]大同书店将此份册页视作其邮寄售书业务的配套服务形式之一，将其寄送国内外各学

---

1 由于全面抗战爆发，《图书季刊》英文本于1937年底停刊。1940年3月开始在昆明出版的新刊（New Series）超出了本书的讨论范围，本书只讨论1937年底前的旧刊。
2 《中华图书馆协会会报》第9卷第2期"封底"。
3 Rockefeller Foundation, *The Rockefeller Foundation Annual Report*（New York, 1938）, p. 292.
4 Library of Congress and American Library Association. Committee on Resources of American Libraries, *The National Union Catalog, Pre-1956 Imprints: a Cumulative Author List Representing Library of Congress Printed Cards and Titles Reported by Other American Libraries*, Vol. 66（London: Mansell, 1970）, p. 310.

术、文化机构，一方面借此营建稳定的购买西文书刊的管道，一方面宣传中国学术界的最新动态。

十分可惜，笔者在各种旧书市场从未见到过该册页的实物，故未能较为清晰地掌握如创刊日期、内容、页数、发行周期等诸多细节。这份册页寄送给了哪些国家、机构，有哪些学者曾经加以利用，现在几乎无从查实，只留下一些片段可以稍加索迹。总体而言，存世且可以检索到的纪录可以分为两类：一为学术引用，富路德在《〈四库全书〉的不完善之处》(On Certain Imperfections in the Ssu-K'u Ch'uan Shu) 一文开篇即引用 1933 年 9 月的《中国书讯》，作为探讨影印四库全书风波的语料库[1]；二为简述其与《图书季刊》英文本间的关系，如美国学术团体理事会秘书格雷夫斯的文章[2]和《洛克菲勒基金会 1935 年度报告》[3]。

1933 年 10 月 10 日，翟孟生给洛克菲勒基金会人文部主管史蒂文斯写了一封长信，讲述他在清华大学任教以来的种种见闻。其中，他用大段的笔墨兴奋地讲述顾子刚编印的《中国书讯》。在他看来，这份书讯是外国学者了解当下中国学术界情况的唯一信息源 (our only source of information)。翟孟生表示，凭借着大同书店的利润，顾子刚得以坚持独自编辑、发行这份书讯相当不容易，希望史蒂文斯能够考虑给予资助。[4]

在洛克菲勒基金会档案中保存了两期《中国书讯》的首页，出版日期

---

[1] Luther C. Goodrich, "On Certain Imperfections in the Ssu-K'u Ch'uan Shu", China Journal, Vol. 20 (1934), p.124.

[2] Mortimer Graves, "Oriental Studies Available in Translation." The American Scholar, Vol. 3, No. 4 (1934), p. 495.

[3] Rockefeller Foundation, The Rockefeller Foundation Annual Report (New York, 1935), p. 292.

[4] Rockefeller Foundation, "Rockefeller Foundation Records 601.R: China-Humanities and Arts", Box 47, Folder 388, p. 15.

分别为 1932 年 9 月、1933 年 3 月,这两页纸对今人了解这份册页显得弥足珍贵。[1] 如果从《中国书讯》的题名和发行目的臆测,该件应只局限于介绍中国图书信息,且只以新近出版发行的书刊为对象,然而实际情况却并非如此。1932 年 9 月的《中国书讯》以"中国学术界"(In the Chinese Learned World)为栏目标题,其下的短文题目为《中瑞科学考察团》(The Sino-Swedish Scientific Mission)。该文接续上一期《中国书讯》黄文弼对高昌遗迹考古成果的出版计划,着重介绍了袁复礼、贝格曼(Folke Bergman)、丁道衡等人在西北科考中的收获。与此类似,1933 年 3 月期的开篇处介绍了中国学界动态,如德国学术团体向武汉大学捐赠图书、胡适被选为普鲁士科学院通讯院士、李济率领史语所在河南安阳进行考古发掘、故宫博物院珍品南迁等消息。这意味着,顾子刚并非将《中国书讯》定位于一份简单的书讯,而是希望借此向西方宣传中国学术界的成就与动态,这一思路直接影响到随后出版的《图书季刊》英文本。

## 二、《图书季刊》英文本

### 1. 创办

1934 年 3 月,《图书季刊》创刊,其中文版首卷"本刊编辑部启事"开宗明义地表示:

---

[1] Rockefeller Foundation, "Rockefeller Foundation Records 601.R: China-Humanities and Arts", Box 47, Folder 392, pp. 4-5. 这两页《中国书讯》极有可能是翟孟生寄出,因在 1933 年 10 月 10 日的信中提到要寄几份该册页给史蒂文斯。

国际联盟世界文化合作中国协会与北平国立北平图书馆有感于年来国内学术界之进步突飞不已,而以语文隔阂,国外于此每多茫然。不惟国际合作之精神莫由表现,即吾国民之毅力,亦应有以告诸世人。用合办季刊,分中英文本及中英文合订本三种出版,以向国内外人士传达中外学术界之消息,藉谋万国人士在知识上之谅解,以为人类和平辟未来之新路。

其中,国际联盟世界文化合作中国协会通常简称为"世界文化合作中国协会"(Chinese National Committee on Intellectual Cooperation),1933年4月在上海正式筹备,由国民政府教育部聘请蔡元培等25人担任筹备委员,实际主持者为李石曾、吴敬恒,并由教育部每月津贴6000元,在筹备期间主要从事九项工作,"与国立北平图书馆合作编行《图书季刊》"即其中之一。[1]《图书季刊》这一宗旨不仅直接践行了平馆"其志在成为中国文化之宝库,作为中外学术之重镇,使受学之士观摩有所,以一洗往日艰闷之风"的使命,[2]更是与李石曾、吴敬恒早年成立世界社并由此致力于著述出版、学术研究、教育文化和社会经济四项事业的终身理想相一致。

《图书季刊》英文本首卷同样有一篇启事——"致读者"(To the Reader),开篇即明确了英文本的创办初衷:"长期以来,对中国感兴趣的外国学者和图书馆都期盼有一份能够涵盖当下中国书籍、期刊目录性质的出版物。1933年秋,热心人士讨论了出版该份期刊的可能性,并认为其所涵盖的对象应该较通常意义上的'汉学'更广,可以引起所有对中国感兴

---

[1] 庄文亚编:《全国文化机关一览》,世界文化合作中国协会筹备委员会1934年版,第249页。
[2] 袁同礼:《国立北平图书馆之使命》,《中华图书馆协会会报》第6卷第6期,1931年6月30日,第3页。

趣人士的注意，无论他（她）是否是位汉学家。"[1]文中的"热心人士"虽未指明，但应指在北平一地的外国学者，以翟孟生、谢礼士（Ernst Schierlitz）为代表，此二人与曾觉之、向达、顾子刚组成了《图书季刊》中英文最初共同的编辑团队。其中，美国人翟孟生时任清华大学外国语文系教授，直接参与了平馆向洛克菲勒基金会申请资助《图书季刊》英文本的过程；德国人谢礼士是辅仁大学图书馆的负责人，已经完成了相当数量的中文期刊索引，虽然在《泰东》（Asia Major）刊发了1932—1933年部分，但1934年后的部分则乐于提供给《图书季刊》；曾觉之时任中法大学中文系教授兼主任，曾长期留学法国，向达和顾子刚同为平馆馆员，从第一卷第四期（1934年12月）起另一位平馆馆员贺昌群接替了向达的职务。综合分析以上情况，不难看出这份编辑名单的多元化，兼顾中西和英、法、德，平馆在此的考虑和安排可谓煞费苦心、面面俱到。

然而，一旦深入考察《图书季刊》英文本的实际情况，及该刊与平馆之间的隶属关系，可以得出顾子刚肩负主持刊物日常编辑重任的推断，而这一观点亦可以通过相当数量的外文报道予以证实。[2]

**2. 洛克菲勒基金会的资助**

《图书季刊》创办之初，平馆曾明确表示："本馆为谋中西文化之沟通及国际合作，特与世界文化合作中国协会编印图书季刊一种。分（一）中文本、（二）英文本、（三）中英合订本，每年出版四期，凡世界著名之图书

---

[1] "To the Reader", *Quarterly Bulletin of Chinese Bibliography*, Vol. 1, No. 1, p. 1.
[2] 可参见 "Notes and Personalia", *Language*, Vol. 10, No. 3（1934），p. 305; "Historical News", *The American Historical Review*, Vol. 40, No. 1（1934），p. 183 等处。

馆及文化机关多为赠阅，意在宣扬文化，故不重视售卖也。"[1] 然而，合作方世界文化合作中国协会仅资助了《图书季刊》中英两个版本的年度印刷费国币两千元，[2] 编辑费和其他杂费最初由平馆自行负担，直到1935年秋获得洛克菲勒基金会的资助。

1934年10月15日，顾子刚以平馆馆员、《图书季刊》编辑身份致信翟孟生，并附上一份申请备忘录，恳请后者与洛克菲勒基金会人文部主管史蒂文斯取得联系，协助争取给予《图书季刊》英文本每年1500美金的赞助，其中全职编辑800元，助理350元，其他杂费350元。由该信可知，翟孟生曾鼓励顾子刚将不定期发行的《中国书讯》转变为正式刊物，此外后者还曾与格雷夫斯通信讨论过合作事宜。两天后，顾子刚致信美国国会图书馆东方部主任恒慕义，请其亦从旁协助。在收到顾子刚的请求后，恒慕义12月3日致信史蒂文斯，建议在确保以下几点后给予积极考虑：一、平馆独立主导该份刊物；二、洛克菲勒基金会只负责英文本的资助；三、刊物须鼓励订购而非主要用于交换；四、年度终卷一定要以威妥玛式拼音为标准制作文章、著者索引。另外，此信的一个细节是告知史蒂文斯，该刊物将由顾子刚、谢礼士、翟孟生三人负责编辑，而后两位出任编辑的原因是保证让该刊与外国学术界建立密切联系。[3]

1934年10月21日，翟孟生致信史蒂文斯，并转交顾子刚提交给洛克

---

[1] 国立北平图书馆：《国立北平图书馆馆务报告（民国二十二年七月至二十三年六月）》，国立北平图书馆1934年版，第29页。

[2] 国立北平图书馆：《国立北平图书馆馆务报告（民国二十四年七月至二十五年六月）》，国立北平图书馆1936年版，第22页。

[3] Rockefeller Foundation, "Rockefeller Foundation Records 601.R: China-Humanities and Arts", Box 47, Folder 394, pp. 6-13.

## 第三章 《图书季刊》及其前身

菲勒基金会的备忘录。12月5日，翟孟生收到回信，史蒂文斯表示洛克菲勒基金会需要获得一些该刊未来可以自给自足的资料用以评估资助申请。顾子刚在1935年2月9日给史蒂文斯的回信中坦言"很难保证未来可以自足，国内图书馆几乎全都是赠阅，而国外受众群尚未明确，不敢保证有300个订购者"，[1]这让洛克菲勒基金会感到迟疑；此外远东地区的局势并不明朗，日本在中国华北地区不断的蚕食可能让该资助计划无任何结果。[2]

虽然有诸多不利因素，但顾子刚的顽强、执着的品格和有效的工作令翟孟生十分钦佩，而他也是《中国书讯》《图书季刊》英文本的坚定支持者。1935年3月7日，翟孟生致信洛克菲勒基金会驻沪代表冈恩，强调《图书季刊》英文本是唯一一份便于西方学者了解中国学者研究动态和学术成果的刊物，其价值对美国学界、图书馆界不言而喻。同年8月12日他再次致信冈恩，询问最新的消息，并表示该计划花费甚少但却十分有用，希望获得积极的回应。[3]

1935年3月11日史蒂文斯回信顾子刚，表示收悉2月9日的正式来函，并会妥善考虑，大约五月份会给回复。[4]直至此时，史蒂文斯已经从翟

---

[1] Rockefeller Foundation, "Rockefeller Foundation Records 601.R: China-Humanities and Arts", Box 47, Folder 394, pp. 4-20.

[2] 1935年8月1日，袁同礼在去香港的途中给冈恩打电话，希望了解洛克菲勒基金会就《图书季刊》英文本申请资助案的最终决定。在电话中，冈恩与袁同礼讨论了日本在华北地区的军事行动对平馆有无影响，后者表示就这一问题刚刚从南京国民政府得知确切消息，北平地区的高校、科研机构不会南迁，这一原则适用于平馆。参见 Rockefeller Foundation, "Rockefeller Foundation Records 601.R: China-Humanities and Arts", Box 47, Folder 394, p. 31.

[3] Rockefeller Foundation, "Rockefeller Foundation Records 601.R: China-Humanities and Arts", Box 47, Folder 394. pp. 25-27.

[4] Rockefeller Foundation, "Rockefeller Foundation Records 601.R: China-Humanities and Arts", Box 47, Folder 394, p. 29.

孟生、恒慕义、冈恩、顾子刚、袁同礼等人多方了解了资助要求和相关情况。1935年9月20日洛克菲勒基金会人文部在其会议上讨论了此项申请，七日后一封电报从纽约发往洛克菲勒基金会驻沪办事处，告知基金会已批注了代号为RF35150资助项目，决定给予5000美金，用以支持平馆《图书季刊》英文本发行，期限为1935年10月1日至1938年12月31日，只能用于英文部分，以便外国学者可以获取更多中国学术信息。每年编辑费800美金、助理费350美金、杂费350美金、年度为1500美金。额外的500美金用于1935年的剩下月份，或者不可预计的花销。

至此，《图书季刊》英文本获得了可靠的经费支持，这与顾子刚的坚持与努力密不可分。1934年10月17日，顾子刚给恒慕义的信中提到平馆的资金因在南京进行审查，故无法资助英文本的出版发行，[1]这一说法并非空穴来风。1934年9月25日举行的平馆第十五次委员会会议上，孙洪芬作为代理副馆长就曾主持讨论过一议案：南京国民政府审计部要求平馆提供旬、月报以备稽核，而平馆则试图请教育部代为说项，以馆务经费由中基会拨付，后者已有审核故无须重复作业。不仅如此，平馆1933年7月至1934年6月经费超支甚多，虽经中基会在1934年5月追加拨款9100元，但仍不敷支出，亏空2700余元须在1934年度经常费中节省弥补。[2]在此情况下，刚刚发行了三期的《图书季刊》英文本确有较大的经费压力，[3]顾子刚作为刊物的

---

[1] Rockefeller Foundation, "Rockefeller Foundation Records 601.R: China-Humanities and Arts", Box 47, Folder 394, p.13.

[2] 北京图书馆业务委员会：《北京图书馆馆史资料汇编（1909-1949）》，书目文献出版社1992年版，第346-348页。

[3] 《图书季刊》英文本第2卷第1期"致读者"提及，由于英文本第1卷合订本正文为263页，远远超过预定的220页篇幅，经费已入不敷出，须压缩版面，故本期没有期刊篇目索引。

主要负责人向洛克菲勒基金会申请资助的举动亦可在更深层面得以理解。

### 3. 栏目和内容

《图书季刊》英文本创刊号"致读者"（To the Reader）一文对刊物栏目设置和内容分类有过明确公示："在每期约五十页的篇幅之中，我们预计将刊印一篇大众感兴趣的论著、一篇重要书籍的书评、一部分学术界消息、一份含注释信息的新书目录和西书华译目录，而从第二期开始，将会有期刊篇目索引。"[1] 此外，该刊还有两类未被提及且容易被忽略的组成部分，即"编者按"（The Private Corner）和"后记"（Postscript）。现根据各栏目出现的顺序分述如下。

《图书季刊》英文本首篇文章并非创刊号的目录页标注的"致读者"，而是在编者、定价、订购信息栏下方补白处的"编者按"。该文简要介绍了四个方面的内容：一、刊物发行前所做的各种努力，如联系中外出版社、经销商、研究机构希望得到各自的发行书目；二、中文本创刊号的内容；三、《图书季刊》英文本与《中国书讯》的继承关系；四、英文本文章预告。到 1937 年第四卷第三、四期合刊为止，编者按一栏共出现了 15 次，从未缺失但也从未列入目录页。除了创刊号处为未注明撰者外，其他多标注为 K，只有第二卷第四期和第三卷第一期记为 TKK，笔者认为它们皆为顾子刚（T. K. Koo）所撰写。

"致读者"一栏则只出现在各卷首期，内容通常为编辑人员就刊物内容、变化予以公告，或标注为编者（The Editors）或匿名，共刊行了三次。如第二卷第一期，不仅告知了此期篇幅锐减的原因——经费困难，更告知了此前的"中英文合订本"已被取消，只发行两种语言的单行本。第四卷

---

[1] "To the Reader", *Quarterly Bulletin of Chinese Bibliography*, Vol. 1, No. 1, p. 1.

第三、四合期中则以"重要通知"（Important Notice）为题，其内容为告知本期为合刊，因为受时局的影响1937年以来《图书季刊》中文本没有出版发行，何时恢复须根据战争形势而定。

至1937年底，《图书季刊》英文本共发表了五篇论著，依序分别为：曾觉之《中国的新文学运动》（La Nouvelle Litérature Chinoise）、赵元任《基本汉语的一种理想体系》（The Idea of a System of Basic Chinese）、陈受颐《中国历史研究的最新成就》（Some Recent Contributions to Chinese Historical Studies）、毕树棠《1934至1935年中国文学回顾》（A Survey of Chinese Literature, 1934—1935）、毕树棠《1936年中国文学回顾》（A Survey of Chinese Literature, 1936）。这五篇文章均为首发，并非转自别处，其中曾觉之为本刊编辑，赵元任曾任平馆的购书委员，陈受颐发文后即担任了本刊的特约编辑（contributing editor），毕树棠则长期在清华大学图书馆任职，是北平图书馆协会的主要成员之一。因《图书季刊》英文本中从未出现过投稿信息，笔者认为"论著"部分应为刊物编辑部通过约稿的方式获取。

"书评（书目）"共发表了六篇，依次分别为：福开森《评赛珍珠译〈水浒传〉》（*All Men Are Brothers*）、胡适《评朱启凤〈辞通〉》（*The Tz'u-T'ung*: A New Dictionary of Classical Polysyllabic Words and Phrases）、邓衍林《在华西文期刊及连续出版物简目》（A Preliminary List of Periodicals and Serials in Western Languages Published in China）、福开森《考古学近著述评》（Recent Books on Archaeology）、莫余敏卿《1933至1935年中文参考书选目》（Selected Chinese Reference Books, 1933—1935）、赵元任《高本汉〈中国音韵学研究〉勘误表》（A Critical List of Errata for Bernhard

Karlgren's *Etudes sur la Phonologie Chinoise*)。其中福开森与平馆关系密切，时常被邀请前来讲座；胡适则长期担任平馆委员会会长、中文购书委员会委员；邓衍林、莫余敏卿同为平馆参考组馆员，笔者亦认为该部分同为编辑部约稿。

"学术界消息"为《图书季刊》英文本的固定栏目，主要介绍国内学术机构、会议、展览、重大文化事件、出版业新闻。其中学术机构的动态不仅包括国立和私立大学、各种人文社科类组织，更涵盖自然科学类的学会，如中国矿冶工程学会（第一卷第一期、第二期）、中国气象学会（第四卷第二期）；会议、展览则不限于北平一地，尽可能囊括了全国各地的重要活动；重大文化事件则如安阳考古挖掘（第一卷第三期、四期）、东方图书馆重建（第一卷第一期）、伦敦中国艺术展览会（第一卷第四期）；出版物新闻涵盖学术刊物、文学刊物，尤其注重介绍新发行者，每期均有相应篇幅。

"出版物选目"（Selected Publications）同样也是《图书季刊》英文本的固定栏目，包括中文书（Books in Chinese）、外文书（Books in Foreign Languages）、政府出版物（Government Publications）三部分，以1933年后出版的书籍为对象。中文书以丛书与书目、哲学与宗教、语言与文学、艺术与考古、历史与地理、社会科学、杂项为大类，书目则通常以作者（编者）首字母为序，具体信息包括书名及罗马化后的拼音、页数、出版社、出版年、价格、内容简介。该部分自始至终未能将格式、细节统一，如有些古籍类书以书名首字母插入书目次序之中，有些书目信息不完整。

"西书华译目录"则收录中国出版的西文著作译本，以原作者（编辑机构）名首字母为序，书目信息则依次为原书西文名、译者名、书籍译名、出版社中文名和西文名称，出版年，价格，其中未标注出版地者即默认为上海，如果原书名不详者则根据中文译本名称回译。

"期刊篇目索引"较"出版物选目""西书华译目录"更为复杂。首先，该栏目只选取了国内发行的部分期刊，而选择标准从未明确说明，只是笼统地表示"取自一流期刊"（from leading periodicals）。笔者浏览全部卷期后认为，中文期刊以学术刊物为对象，不涉及文学类通俗刊物；[1] 西文刊物虽然数量较少，但既有学术刊物又有宗教类刊物，如《北京公教月刊》（Le Bulletin Catholique de Pekin）等，还有知名的报纸、杂志，如《北京政闻报》（La Politique de Pekin）等。在索引之前，先标识篇目所在刊物的代码，而该代码会随整个栏目所收录刊物数量的增加而调整，换言之，同一份刊物的代码是不断变化的。[2] 随后，篇目索引同样以丛书与书目、哲学与宗教、语言与文学、艺术与考古、历史与地理、社会科学、杂项七个类别依次展开，每条索引均以作者首字母排序，包括文章原名、英文译名、刊物代码、卷期、起止页码、年月。英文本第一卷二至四各期均刊登了谢礼士、福克司（Walter. Fuchs）编辑整理的期刊索引，第二卷该栏目共刊登三次，同为第二至四期，其中顾子刚（标记为 K）和孟桂良（大同书店员工）编撰了前两次，谢礼士负责了本卷的最后一期。虽然自第三卷起，谢礼士不再担任编辑一职，但该栏目却得以保留下来，有时匿名有时标记为 K，应该主要由顾子刚负责，直至第四卷第一期。第四卷第二期为邓嗣禹、聂崇岐编写，第

---

[1] "期刊篇目索引"明确表示不重复收录国内已有的篇目索引，如《南开社会经济季刊》的经济类文章索引，参见"Periodical Index", *Quarterly Bulletin of Chinese Bibliography*, Vol. 4, No. 1, p. 30.
[2] 如《国立北平图书馆馆刊》，最初的编码为 47，第三卷第一期时为 470，而到第四卷第一期时则变成了 530。

四卷第三、四合期由聂崇岐单独负责。[1]

最后,《图书季刊》英文本卷末有"后记",这是中文本所没有的栏目。在第一卷四期时题为 Looking Back,第二卷第三卷改称 Postscript,第四卷三、四合期估计因为抗战时局被省略了。这三篇文章中,前两篇署名 T. K. K.,最后一篇标注为 K,应该均为顾子刚一人撰写。在这些回顾文章中,顾子刚主要讨论三个话题。一是刊物栏目设置的调整,存在的问题,回答读者的提问。二是以旁观者的身份总结了中国出版业年度情况和热点,在他看来1934、1935、1936年再版(影印)都是出版业的重心,相对于英国,中国出版业的新书数量实在太少;另外虽然平馆、南京中央图书馆筹备处、邮政系统、大型出版商(如中华书局)都做出了尝试,但一直没有权威的全国总书目,这着实让国人汗颜;此外,散文(小品文)创作的兴盛、武侠小说和小人书的泛滥都作为出版现象被顾子刚加以讨论;而一些突发的文化事件,如章太炎和鲁迅的去世,也均有简要追述。三是感谢对刊物发展给予帮助的个人、组织,如平馆馆员胡英,北堂印书馆(Impriemerie des Lazaristes)和别发洋行(Kelly & Walsh Ltd.)等。

至1937年底,《图书季刊》英文本共刊行了四卷15期、发表文章83篇(次),具体情况如下。

### 《图书季刊》发文一览表

| | 时间 | 编者按 | 致读者 | 论著 | 书评 | 学术界消息 | 新书选目 | 西书华译目录 | 期刊篇目索引 | 后记 |
|---|---|---|---|---|---|---|---|---|---|---|
| 一卷一期 | 1934-3 | √ | √ | 1 | 1 | √ | √ | √ | | |
| 一卷二期 | 1934-6 | √ | | | 1 | √ | √ | | √ | |

---

[1] 福克司为德国汉学家,时任辅仁大学教授;邓嗣禹自第4卷第1期起担任编辑,时任哈佛燕京学社研究员;聂崇岐于第4卷第3、4合期接替邓嗣禹出任编辑,时任哈佛燕京学社引得编纂处编辑。

(续表)

| | 时间 | 编者按 | 致读者 | 论著 | 书评 | 学术界消息 | 新书选目 | 西书华译目录 | 期刊篇目索引 | 后记 |
|---|---|---|---|---|---|---|---|---|---|---|
| 一卷三期 | 1934.9 | √ | | | | √ | √ | √ | √ | |
| 一卷四期 | 1934.12 | √ | | 1 | 1 | √ | √ | √ | √ | √ |
| 二卷一期 | 1935.3 | √ | √ | | | √ | √ | √ | √ | |
| 二卷二期 | 1935.6 | √ | | | | √ | √ | √ | √ | |
| 二卷三期 | 1935.9 | √ | | | | √ | √ | | √ | |
| 二卷四期 | 1935.12 | √ | | 1 | 1 | √ | √ | | √ | |
| 三卷一期 | 1936.3 | √ | | 1 | | √ | √ | √ | √ | |
| 三卷二期 | 1936.6 | √ | | | 1 | √ | √ | √ | √ | |
| 三卷三期 | 1936.9 | √ | | | 1 | √ | √ | √ | √ | |
| 三卷四期 | 1936.12 | √ | | | | √ | √ | | √ | √ |
| 四卷一期 | 1937.3 | √ | | | | √ | √ | | √ | |
| 四卷二期 | 1937.6 | √ | | 1 | | √ | √ | √ | √ | |
| 四卷三、四合期 | 1937.12 | √ | √ | | | √ | √ | √ | √ | |
| 累计 | | 15 | 3 | 5 | 6 | 15 | 15 | 8 | 13 | 3 |

由该统计表可以更为清晰、直观地了解《图书季刊》英文本各类文章的比重，其中编者按、学术界消息、新书选目每期均有，西书华译目录和期刊篇目索引也频繁出现；此外，有六篇书评（书目）类文章，而论著只有五篇。由此可得出一个初步推断，即《图书季刊》英文本并非一般意义上的学术刊物，而更趋向于参考工具类期刊的定位。这与《图书季刊》中文本之间存在着明显的差异，虽然后者第一卷的四期大体保持每期一篇"专著"，[1]但自第二卷第一期起即大幅提高"论著"的数量，刊发了大量的学术论文。

---

[1]《图书季刊》中文本创刊号刊登了两篇"专著"，分别是翟孟生撰《基本英语之基础》、贺昌群撰《日本学术界之"支那学"研究》，第一卷其他各期均只有一篇"专著"；该栏目自第二卷第一期起改称"论著"，特此说明。

### 4. 意义与影响

1934年6月25日，美国图书馆协会在加拿大蒙特利尔召开第56次年会。裘开明作为哈佛燕京学社汉和图书馆的代表，在会上简述了袁同礼对美国的访问、中国图书馆事业的发展，并向与会者介绍国立北平图书馆的数种出版物，尤其提到了《图书季刊》英文本的问世。[1]

洛克菲勒基金会档案中保存了数份关于申请资助《图书季刊》的备忘录，其中一份落款处有曾觉之、向达、顾子刚、谢礼士、翟孟生五位编辑的亲笔签名，无疑最能够表达创刊的初衷和对刊物的定位：

> 因为缺乏全国范围内的新书或专业书籍目录，外国学者了解中国学术著作和论文情况是极端困难的。1931年秋，大同书店寄赠了《中国书讯》的册页，其反响是立刻并且广泛的，但对于一份英文版完整书目的需求仍然是迫切的；……《图书季刊》英文本的基本方针是提供一份当下出版物的书目，这对于外国汉学家及对中国感兴趣的学者而言是必要的；……论著和长书评只会偶尔刊行，带注释的分类书目、期刊文章篇目索引、西书华译目录才是长期不变的特色。[2]

以上三点无疑对《图书季刊》英文本的办刊方针有着决定性的影响，换言之，该刊注重书目、参考文献的价值，而不以发表学术论文为主要任务。该方针并非是因为能力不济，无奈之下的被迫选择，而是编辑部在充

---

[1] "Montreal General Sessions Proceedings", *Bulletin of the American Library Association*, Vol. 28, No. 9 (1934), p. 514.

[2] Rockefeller Foundation, "Rockefeller Foundation Records 601.R: China-Humanities and Arts", Box 47, Folder 394, pp. 14-15.

分考虑平馆自身优势、自我定位，以及美国汉学发展的客观需要后做出的主动决定。

这一编辑方针的效果证明是很好的，格雷夫斯在美国学术团体理事会1934年度远东研究活动报告中写道："没有人会否认西欧学者对远东研究所做出的巨大贡献，但应该给予中国、日本、苏联学者应有的重视，他们的重要性与日俱增。……国立北平图书馆出版的《图书季刊》英文本如其计划一样，将当下中国学者的著作以概要的形式展现出来，非常值得赞赏。"[1] 此外，一些对中国感兴趣的非汉学家也表达了他们对《图书季刊》英文本的认可，如美国著名的政治学家、《美国政治学评论》主编弗雷德里克·奥格（Frederic Ogg）这样认为：

> 迄今为止，致力于研究东方的西方学者由于缺乏足够多的相关领域的中、日、俄文学术成果，而步履维艰。东方研究的大部分成果是由本土学者完成的，必须有某种渠道，能使西方学者们快速获取它们……这份新季刊的编辑者们已经开始承担这一重任，提供了一种极其重要的手段，促进了中国研究。尽管在创刊号前言中表达得十分谦逊，但他们已经做得相当出色。[2]

奥格的这一看法与美国学术团体理事会的观点完全一致，事实上这些均表示出美国学术界对《图书季刊》英文本的价值有极其准确的认识，更

---

[1] Mortimer Graves, "Committees on Far Eastern Studies, Report of Activities, 1934" *American Council of Learned Societies Bulletin*, No. 23（1935）, p. 75.

[2] Frederic A. Ogg, "Personal and Miscellaneous", *The American Political Science Review*, Vol. 28, No. 5（1934）, p. 927.

是对编辑初衷的认可。

平馆作为当时中国唯一拥有丰富馆藏且实行现代化管理的国立图书馆,自觉肩负起"通中外图书之邮,为文化交通之介"[1]的重任,而《图书季刊》英文本及其前身就是这种双向流动的重要媒介,它们为美国和整个西方学术界便捷地获取中国学者成果提供了准确的信息和线索。

---

1 袁同礼《国立北平图书馆之使命》,《中华图书馆协会会报》第6卷第6期(1931年6月30日),第3页。

# 《北平北海图书馆英文季刊》篇目

**第一卷第一期（1928年10月）**

Library notes and news

Union list of books on China in Peiping libraries

**第一卷第二期（1929年1月）**

Library notes and news

Union list of books relating to China in Peiping libraries

**第一卷第三期（1929年4月）**

Liang Ch'i Ch'ao

Library notes and news

Quarterly list of accessions

Classified list of periodicals

**第一卷第四期（1929年7月）**

Library notes and news

Quarterly list of accessions

List of periodicals

New Serials

# 《新增西文书目录》篇目

**第一卷第一期（1930 年 1—2 月）**

A General Works

B Philosophy, Religion

C—G Historical Sciences

H—L Social Sciences

M—N Music & Fine Arts

P Language & Literature

Q—V Natural and Applied Sciences

Z Library Science and Bibliography

**第一卷第二期（1930 年 3—4 月）**

A General Works

B Philosophy, Religion

C—G Historical Sciences

H—L Social Sciences

M—N Music & Fine Arts

P Language & Literature

Q—V Natural and Applied Sciences

Z Library Science and Bibliography

## 第一卷第三期（1930 年 5—6 月）

A General Works

B Philosophy, Religion

C—G Historical Sciences

H—L Social Sciences

M—N Music & Fine Arts

P Language & Literature

Q—V Natural and Applied Sciences

Z Library Science and Bibliography

## 第一卷第四期（1930 年 7—8 月）

A General Works

B Philosophy, Religion

C—G Historical Sciences

H—L Social Sciences

M—N Music & Fine Arts

P Language & Literature

Q—V Natural and Applied Sciences

Z Library Science and Bibliography

## 第一卷第五期（1930 年 9—10 月）

A General Works

B Philosophy, Religion

C—G Historical Sciences

H—L Social Sciences

M—N Music & Fine Arts

P Language & Literature

Q—V Natural and Applied Sciences

Z Library Science and Bibliography

## 第一卷第六期（1930年11—12月）

A General Works

B Philosophy, Religion

C—G Historical Sciences

H—L Social Sciences

M—N Music & Fine Arts

P Language & Literature

Q—V Natural and Applied Sciences

Z Library Science and Bibliography

# 《图书季刊》篇目

**第一卷第一期（1934 年 3 月）**

K（顾子刚）：The Private Corner

To the Reader

Tsen Kio Tchi（曾觉之）：La Nouvelle Littérature Chinoise

John C. Ferguson（福开森）：Review: *All Men are Brothers*

Notes and News

Selected Publication, 1933

Index Translationum, 1933

**第一卷第二期（1934 年 6 月）**

K（顾子刚）：The Private Corner

Hu Shih（胡适）：The *Tz'u T'ung*, A New Dictionary of Classical Polysyllabic Words and Phrases

Notes and News

Selected Publication

Periodical Index

### 第一卷第三期（1934 年 9 月）

K（顾子刚）: The Private Corner

Notes and News

Selected Publication

Periodical Index

Index Translationum

### 第一卷第四期（1934 年 12 月）

K（顾子刚）: The Private Corner

Y. R. Chao（赵元任）: The Idea of a System of Basic Chinese

Teng Yen-lin（邓衍林）: A Preliminary List of Periodicals and Serials in Western Languages published in China

Notes and News

Selected Publications

Periodical Index

Index Translationum

T. K. K.（顾子刚）: Looking Back

### 第二卷第一期（1935 年 3 月）

K（顾子刚）: The Private Corner

To the Reader

Notes and News

Selected Publications

## 第二卷第二期（1935年6月）

K（顾子刚）：The Private Corner

Notes and News

Selected Publications

Periodical Index

Index Translationum

## 第二卷第三期（1935年9月）

K（顾子刚）：The Private Corner

Notes and News

Selected Publications

Periodical Index

## 第二卷第四期（1935年12月）

TKK（顾子刚）：The Private Corner

Ch'en Shou-yi（陈受颐）：Some Recent Contribution to Chinese Historical Studies

John C. Ferguson（福开森）：Recent Books on Archaeology

Notes and News

Selected Publications

Periodical Index

TKK（顾子刚）：Postscript

### 第三卷第一期（1936 年 3 月）

TKK（顾子刚）：The Private Corner

Pih Shu-t'ang（毕树棠）：A Survey of Chinese Literature, 1934-1935

Notes and News

Selected Publications

Periodical Index

Index Translationum

### 第三卷第二期（1936 年 6 月）

K（顾子刚）：The Private Corner

Mok, M. Y.（莫余敏卿）：Selected Chinese Reference Books, 1933-1935

Notes and News

Selected Publications

Periodical Index

### 第三卷第三期（1936 年 9 月）

K（顾子刚）：The Private Corner

Chao Yuen-ren（赵元任）：A Critical List of Errata for Bernhard Karlgren's *Etudes sur la Phonologie Chinoise*

Notes and News

Selected Publications

Periodical Index

Index Translationum

## 第三卷第四期（1936年12月）

K（顾子刚）：The Private Corner

Notes and News

Selected Publications

Periodical Index

K（顾子刚）：Postscript

Index of Books

## 第四卷第一期（1937年3月）

K（顾子刚）：The Private Corner

Notes and News

Selected Publications

Periodical Index

## 第四卷第二期（1937年6月）

K（顾子刚）：The Private Corner

Pih Shu-t'ang（毕树棠）：A Survey of Chinese Literature, 1936

Notes and News

Selected Publications

Periodical Index

Index Translationum

### 第四卷第三、四期（1937 年 12 月）

K（顾子刚）：The Private Corner

Important Notice

Notes and News

Selected Publications

Periodical Index

Index Translationum

Index of Books

# THE YENCHING JOURNAL OF SOCIAL STUDIES

Vol. I, No. 1. June, 1938

CONTENTS

*Articles*      PAGE

Recent Population Changes in China     CH'ENG-HSIN CHAO   1
Professor Hung on the *Ch'un Ch'iu*     SSU-HO CH'I   49
Intensive and Extensive Methods of Observing the Personality-Culture Manif...     HAROLD D. LASSWELL   72

第四章
《燕京社会学界》

# THE YENCHING JOURNAL OF SOCIAL STUDIES

Vol. I, No. 1. June, 1938

## CONTENTS

*Articles*                                                                                          PAGE

Recent Population Changes in China     CH'ENG-HSIN CHAO   1
Professor Hung on the *Ch'un Ch'iu*     SSU-HO CH'I   49
Intensive and Extensive Methods of Observing the Personality-Culture Manifold     HAROLD D. LASSWELL   72
The Kiaotsi Railway Consumers' Co-operative Society — A Case Study     LIN-CHUANG CHENG   87
Printing Paper: Its Supply and Demand in China     RUDOLF LÖWENTHAL   107

*Notes and Queries* —

Notes on the Necessity of Field Research in Social Science in China     AN-CHE LI   122
When was the First Foreign Loan to China?     GIDEON CH'EN   128

*Book Reviews*

Le Père Matthieu Ricci et la Société Chinoise de son temps (1552-1610). By R. P. Henri Bernard.     PH. DE VARGAS   135
The Invasion of China by the Western World. By E. R. Hughes.     CHAO CH'ENG-HSIN   143
Lament for Economics. By Barbara Wootton.     M. LINDSAY   149
Ends and Means. By Aldous Huxley.     M. LINDSAY   151

# 第一节 创办与经营情况

## 一、创办情况

英文《燕京社会学界》(以下简称《学界》)为燕京大学所创办,半年刊,创刊于1938年6月,1941年底因太平洋战争爆发,燕京大学关闭,当年8月出版第二卷第二期后休刊,1948年8月复刊,至1950年出版至第五卷第一期后停刊。该刊第一、二卷由位于天津的直隶印字馆(The Chihli Press)印刷,第三卷由北洋印字馆(The Peiyang Press)在天津、北平两地分别印刷,第四卷则由辅仁大学印书局(The Catholic University Press)在北平印刷。价格是每卷国外两美元、国内三元。

各卷期的出版具体情况如下:第一卷第一期(1938年6月);第一卷第二期(1939年1月);第二卷第一期(1939年7月);第二卷第二期(1940年2月);第三卷第一期(1940年10月);第三卷第二期(1941年8月);第四卷第一期(1948年8月);第四卷第二期(1949年2月);第五卷第一期(1950年,月份不详)。[1]

---

[1] 该刊前四卷2011年由国家图书馆出版社影印出版。"出版说明"有这样的交代:"该刊存世数量较少,尽管我们多方搜集,仍然没有找到1950年出版的第5卷第1期,此次只能先出版第1—4卷。"本章也只讨论1—4卷。本节论述参考了"出版说明"。

1938年6月《学界》创刊的时候,北平已经在日军的统治之下。1937年抗战全面爆发后,国立大学南迁,燕京大学因为是教会大会得以在北京继续办学。但毕竟是战争年代,刊物无法做到半年一期,但一年两期还是基本得到了保证。1941年底太平洋战争爆发后停刊,1948年复刊,代理校长阿道夫(William H. Adolph)的复刊词是这样写的:"经过七年停顿,本刊第四卷的出版可以说是战后复员的又一举措。抗战胜利后,大学开始恢复数学、化学、社会科学以及其他课程的本科教学,在此基础上,重新建设学术研究刊物是很适宜的。在从灾难中复员的时候,物质生存的根本问题占据了我们太多的精力,但生命更高层级的东西也必须找机会来表达,在苦难的时候诗歌往往很繁荣。因此,虽然内战的枪声还在远山回响,重新出版在社科领域的有创见的论文和研究材料,并非不合时宜。《燕京社会学界》的出版得到普林斯顿-燕京基金会(The Princeton-Yenching Foundation)的资金支持,这个基金会是由一群普林斯顿大学毕业生建立的,对于建立燕京大学的法学院(公共事务学院)起到了主导作用。他们的兴趣持续不减,不仅在于培养学生,也在于建立一个有活力的社会政治研究项目。我们非常感谢他们持续的鼓励与支持。"[1]但因为政治局势的大变化,《学界》复刊后只坚持了一年多,就彻底停刊了。

创刊之初,刊物的主编为李安宅,秘书为戴德华(G. E. Taylor),业务经理为郑林庄,编辑委员会七位成员为陈其田、李安宅、吴其玉、郑林庄、王克私(Philipe de Vargas)、博晨光(L. C. Porter)、戴德华。从第二卷第一期开始,吴其玉接替李安宅担任主编,秘书仍为戴德华,业务经理仍为郑林庄,原7人编辑委员会成员除由赵承信代替李安宅之外,其他未动。到

---

[1] William H. Adolph, "Foreword", The Yenching Journal of Social Studies, Vol. 4, No. 1.

第二卷第二期，由邓肯（S. M. Duncan）女士接替了戴德华担任秘书和编辑委员会成员，其他未变，这一人事格局维持到第三卷第二期结束。1948年8月复刊后的第四卷由陈芳芝任主编，海格（Hilda Hague）任秘书，何国樑为业务经理，编委会由五人组成：林耀华（主席）、陈芳芝、赵承信、Chao Jen-Tsun、齐思和。编辑部情况具体如下表所示：

|   | 1卷1期 | 1卷2期 | 2卷1期 | 2卷2期 | 3卷1期 | 3卷2期 | 4卷1期 | 4卷2期 |
| --- | --- | --- | --- | --- | --- | --- | --- | --- |
| 主编 | 李安宅 | 李安宅 | 吴其玉 | 吴其玉 | 吴其玉 | 吴其玉 | 陈芳芝 | 陈芳芝 |
| 秘书 | 戴德华 | 戴德华 | 戴德华 | 邓肯 | 邓肯 | 邓肯 | 海格 | 海格 |
| 经理 | 郑林庄 | 郑林庄 | 郑林庄 | 郑林庄 | 郑林庄 | 郑林庄 | 何国樑 | 何国樑 |
| 编委会 | 陈其田 李安宅 吴其玉 郑林庄 王克私 博晨光 戴德华 | 陈其田 李安宅 吴其玉 郑林庄 王克私 博晨光 戴德华 | 陈其田 赵承信 吴其玉 郑林庄 王克私 博晨光 戴德华 | 陈其田 赵承信 吴其玉 郑林庄 王克私 博晨光 邓肯 | 陈其田 赵承信 吴其玉 郑林庄 王克私 博晨光 邓肯 | 陈其田 赵承信 吴其玉 郑林庄 王克私 博晨光 邓肯 | 林耀华 陈芳芝 赵承信 Chao Jen-Tsun 齐思和 | 林耀华 陈芳芝 赵承信 Chao Jen-Tsun 齐思和 |

《学界》的创刊主编为李安宅，从第二卷第一期开始，吴其玉接替李安宅担任主编，直到第三卷第二期结束。1948年8月复刊后的第四、五卷由陈芳芝任主编。李安宅（1900—1985）1929年燕京大学社会学系毕业后留校任教，1934年赴美国加州大学、耶鲁大学人类学系留学，1937年回国后任燕大社会学系副教授。他只担任《学界》第一卷主编是因为此后离开了燕大，以教育部边疆视察员的身份深入甘南藏族地区从事文化促进工作和社会人类学调查。李安宅后来受聘于华西协和大学，成为著名的藏学家。吴其玉（1904—1995）于1927和1929年获得燕大法学学士和硕士学位，后赴美入普林斯顿大学攻读政治学，1933年获得博士学位，同年秋回国任教

燕大政治学系，抗战期间参加燕大在成都的复校工作，任法学院院长，对成都燕大发展做出重要贡献。陈芳芝（1914—1995）1935年燕大政治系本科毕业后赴美留学，1939年获拜因麦尔学院（Bryn Mawr College）博士学位，回国后一直任教于燕大政治系。[1]

## 二、宗旨与栏目

《学界》发刊词是这样写的："本刊旨在为社会科学研究提供发表平台。尽管也欢迎用比较的、实用的、理论的方法研究国外问题的稿件，但本刊将主要致力于对中国问题的研究，尤其是关于中国社会、经济方面的专题研究，如家庭问题、当代城市建设问题等。本刊欢迎五个方面的稿件：一、用社会科学对当代及历史问题做出的原创性研究；二、关于社会科学理论的研究；三、田野调查报告；四、书目文献；五、书评。"[2] 该刊主要有三个栏目：论文（Articles）、札记与释疑（Notes and Queries）、书评（Book Reviews）。论文以社会学方向为最多，其次是经济学、政治学，其他如文学、新闻学、教育学方向的也偶有刊载。这也完全符合燕大的学术传统，社会学、经济学、政治学是燕大三大支柱系科，其中社会学力量最强，影响也最大。书评栏目对国内外近期出版的中外文图书进行评论，以与中国相关者为主，如第一卷第二期郑林庄《评卜凯〈中国土地利用〉》、陈其田《评刘大钧〈上海工业化研究〉》、第二卷第二期陈其田《评费孝通〈江村经济〉》、第四卷第一期何国樑《评萧公权〈中国政治思想史〉》，后来这四本

---

[1] 燕京研究院编《燕京大学人物志》第一辑，北京大学出版社2001年版，第285—287、366—368页。
[2] "The Yenching Journal of Social Studies", *The Yenching Journal of Social Studies*, Vol. 1, No. 1, p. ii.

著作均成为中国经济社会和学术思想研究的名著，也从一个侧面说明了撰稿人敏锐的洞察力。同时书评部分也不缺少对名家名著的关注，如王聿修评杜威的《自由与文化》(Freedom and Culture)和罗素的《对于权力的社会解释》(Power: A New Social Analysis)，都很具有启发性。札记与释疑栏目主要服务于自由讨论和分享信息，文章相对比较短，也不像论文那么正式。李安宅这样表达对这一栏目的期待："我们希望给在中国的社会科学研究提供一个澄清立场和交换意见的空间，更希望从这里能够产生一种团队精神，在社会科学研究领域有更多的合作。这个栏目欢迎提出问题，发表新见，分享研究数据。"[1] 作为开篇，李安宅发表了自己的《中国社会科学研究中田野调查的必要性》一文，此外杨堃和夏白龙（Witold Jablonski）为自己老师葛兰言（Marcel Granet）的辩护、卫德明（Hellmut Wilhelm）《孔子与〈春秋〉》等，都是很有价值的文章。

1948年复刊后，刊物的主要栏目没有什么变化，专题研究的方向则有所转变，更侧重于中国的边疆、社会管理和国际关系。这反映了在新的形势下主编和编委会的意图。

除了上述三个固定栏目外，该刊还不定期刊发"书目文献"（Bibliography），虽然数量不多，但质量很高，其中第一卷第二期罗文达的《犹太人在中国研究目录》(The Jews in China)尤为重要。罗文达（Rudolf Löwenthal，1904—1997）生于德国，是犹太人，1933年获得柏林大学经济学博士学位。由于希特勒上台，他不得不离开德国，流亡到中国后于

---

[1] "Notes and Queries", *The Yenching Journal of Social Studies*, Vol. 1, No. 1, p. 122.

1934年开始在燕京大学任教,并一直工作到1947年。[1] 作为犹太人,罗文达一直关注犹太人在中国的问题,先后在北京的学术刊物上发表了四篇有关书目文献,其中在《燕京社会学界》上刊载的这一篇时间最早,也最重要。1988年,他的这些文章被结集出版(The Sino-Judaic Bibliographies of Rudolf Löewenthal),成为这一领域最重要的参考文献。[2]

## 三、刊物特点

《学界》的特点在于无论是论文、书评还是其他文章,质量均属上乘。这主要得益于一支高水平的作者队伍,而这一队伍基本以燕大师生为主。在《学界》上发过文章的老师,按照院系排列如下:社会学系:李安宅、赵承信、杨堃、关瑞梧、黄迪、林耀华、蒋旨昂;经济学系:林迈可(Michael Lindsay)、戴乐仁(T. B. Taylor)、郑林庄、陈其田、文国鼐(Augusta Wagner);政治学系:吴其玉、陈芳芝、戴德华(G. E. Taylor)、顾敦鍒、何国樑、张锡彤(兼职);心理学系:陆志韦、夏仁德(R. C. Sailer);新闻学系:罗文达;哲学系:博晨光(L. C. Porter)、张东荪;历史系:王克私(Ph. de Vargas)、齐思和、王聿修;西方语言系:谢迪克(Harold E. Shadick)、刘乐意;教育系:高厚德(Howard S. Galt)、廖泰初;哈佛燕京引得编纂处:赵丰田。

其他不是燕大教师的作者,不少和燕大也有千丝万缕的联系,如夏白

---

[1] Michael Pollak and Hartmut Walravens, "Rudolf Löewenthal", *Monumenta Serica*, Vol. 45(1997), pp. 415-437.

[2] Michael Pollak, ed., *The Sino-Judaic Bibliographies of Rudolf Löewenthal* (Cincinnati: Hebrew Union College Press, 1988).

龙是巴黎大学博士，波兰华沙大学东方学助理教授，曾在清华大学任教，1937—1938年在燕大做访问研究；裴德士（W. B. Pettus）是北京华文学校校长，该校曾和燕大有过密切的合作。

  这批燕大教师的特点是学历高，中国学者大都具有留学背景，而不少外国教师则是汉学家，如博晨光、王克私、谢迪克等，因此这是一支学贯中西的优秀作者队伍。

## 第二节 社会学研究

### 一、赵承信

在《学界》上，社会学家的文章不仅数量多，而且有特色。

赵承信是发表文章最多的作者，计论文三篇，书评11篇。赵承信在美国留学时即专攻人口学，归国后继续从事人口研究，在《学界》上发表的三篇论文中两篇都是关于人口问题的。在《最近中国的人口变化》（Recent Population Changes in China）一文中，赵承信首先指出，对于中国这样的大国进行现代意义上的人口统计具有相当难度。中国从汉朝开始就有人口统计，虽然很不完备，但在人类历史上是相当早的，而最近一次比较可靠的人口统计是1909—1911年清政府为了预备立宪而进行的。进入论文的正题后，他用一系列数据说明，1909年之后中国人口的变化不大，从3.7亿增加至4.3亿（1935）。现代学者对于人口压力的担心主要是基于马尔萨斯的理论，以及提高生活水平的焦虑。赵承信认为当下的关键问题是一方面控制出生率，另一方面提高医疗卫生条件。他在论文中重点批判了马尔萨斯的人口悲观论，指出其理论缺陷在于没有认识到死亡率与生育率之相关性，只以死亡率来调适生育率。

在《家族制度对中国人口的平衡作用》（Familism as a Factor in the

Chinese Population Balance）一文中，赵承信继续把批判的矛头指向马尔萨斯等纯粹生物学和技术论的人口研究路径，强调应该将人口问题纳入社区之中进行探讨，分析人口与土地、社区文化等的互动关系。文中他以家族制度在中国人口平衡中的重要作用有力地说明了生育既是生物过程，又是文化活动。

关于人口问题赵承信还发表了多篇书评，不仅涉及中国，还广泛地讨论了日本、欧洲、苏联的人口问题。他反复强调，研究人口现象不仅要从数量、组成及分布等角度切入，还要考虑经济发展水平和文化传统。这些因素之间互相影响，旧的平衡被破坏，新的平衡尚未形成，就会产生各种各样的问题。总之，他以动态相关性的观点来分析人口现象，在当时是相当先进的。

赵承信的第三篇论文《作为社会实验室的平郊村》（P'ing-Chiao-Tsun as a Social Laboratory）是一份实地调查报告，比较简明扼要地论述了离燕大不远的平郊村的社会结构、经济发展以及村民生活的概况，同时也深入分析了村民如何通过协作处理贫困、子女养育、医疗卫生、城镇化等问题。对于该文的缘起，他做了这样的说明："本文完成于 1941 年 11 月，准备在本刊发表，作为关于平郊村一系列研究论文的导言。整个项目由洛克菲勒基金会通过它在中国的乡村建设项目资助。日本于 1941 年 12 月 8 日袭击珍珠港，燕大被迫关闭，所有收集来的田野调查资料基本丢失了，学生的论文却保留了下来。战争于 1945 年 8 月 15 日结束，燕大于同年 10 月 10 日复校。田野调查慢慢恢复。本文可以作为两年六个月田野工作的一个小结。本文附录二《战后发展》说明了平郊村最近的情况。"[1] 田野调查是社会学研

---

[1] Ch'eng-hsin Chao, "P'ing-Chiao-Tsun as a Social Laboratory", *The Yenching Journal of Social Studies*, Vol. 4, No. 1, p. 121. 本节论述参考了周传南《社会学家——赵承信》，《中国人民大学学报》1991 年第 1 期。

究的基本方法，在近代中国成为一场声势相当浩大的运动，燕大是这一运动的重要引领者之一。位于燕大东北的北京郊区清河镇及其周围的约40个村子，有着相似的物候、生态与生产生活方式，是理想的调查场所。1928年，在社会学系主任许仕廉的主持下，燕大创立了清河实验区，但抗战全面爆发后这个离校园较远的实验基地已经难以为师生所利用。1939年，在赵承信的带领下，燕大社会学系将距离校园不到半个小时脚程的平郊村（前八家村）开辟为新的"社会实验室"。此后因为太平洋战争爆发被迫中断四年多时间，但在燕大复校后，平郊村这一实验基地又立即恢复运行，直至1949年。该村当时住户约有60家，正适合研究者对其整体把握和全面观察。燕大前后有数十位学生在此调研并完成了毕业论文。赵承信在对平郊村等实验区研究的基础上，从理论上阐发了"村镇社区"这一概念，借以强调其不同于"都市社区"和"初民社区"的特质。他的一系列研究为中国社会学的本土化做出了创新性的贡献。

## 二、李安宅与林耀华

李安宅是《学界》第一任主编，也是著名的社会学家。他在第一卷第一期发表的《中国社会科学研究中田野调查的必要性》（Notes on the Necessity of Field Research in Social Science in China）一文具有指引方向的重要作用。他开宗明义地指出，中国传统的学术方法是依靠文献资料，是书斋里的研究或"图书馆里的研究"（library research），新的研究方式需要从这当中解放出来。田野调查对于社会科学就像实验室对于自然科学一样重要。李安宅接着详细分析了田野调查对于社会文化研究的两个作用：一、田野工作中的发现将为发展中国社会科学奠定基础，把学者们从以往正统的书本知识和古今中外各类圣贤的言论中解放出来，获得一种崭新的视野，同时在教学中也可以使用自己的材料，而不再需要仰仗外国的教科书。二、将给予中国学者关于社会文化事实的真切体验，有利于找到自己的发展道路，更好地建设未来，而不必照搬别国的经验来解决自身的问题。李安宅反复强调，社会科学家不能只在书斋里做学问，必须面对中国现实，解决现实问题。他在文章最后指出，对于社会科学来说，中国是一大块处女地，提供了广大的学术空间，同时考虑到中国地大物博，不同学科、不同国籍的学者可以合作，这样既可以扩大学术范围，又可以使自己的学科做得深入。李安宅在这里指出了近代中国学术的一个重大发展方向——走出书斋和图书馆，走向田野，走向民间。

李安宅不仅在理论上提倡田野调查，本人也身体力行，20 世纪 30 年代他前往甘肃藏区调查，后来又深入西藏，他的名著《藏族宗教史之实地研究》就是这一工作的结晶，正如他在"出版前言"中所说："为了'抗战建国'，为了摆脱在敌占区的处境，乃同于式玉同志于 1938 年接受了陶孟和、顾颉刚两师的建议，前赴甘肃兰州，再进至藏族地区拉卜楞，式玉义务办拉卜楞女子小学四年，学了藏文藏语，我则实践了人类学，研究藏族宗教，并至各处参观，成了内地访问喇嘛寺的义务解说员。这种生活度过了三年于 1941 年到了四川成都华西大学任教，又于 1944 年到西康南北两路调查半年，随所见，即撰文发表，主要根据亲眼观察，其次才是检阅典籍。"[1] 这样的经历使李安宅很快成为中国最早的藏学专家之一。

林耀华早年研究社会学，后来转向民族学，在藏学研究方面也很有贡献。他发表于《学界》第四卷第二期的《嘉戎的家族》（The Kinship System

---

[1] 李安宅《藏族宗教史之实地研究》（1989），商务印书馆 2015 年版，第 3 页。

of the Giarung）也是田野调查的产物。嘉戎是藏族的一支，其社会既非父系，也非母系，每个家庭没有姓氏，仅有根据其房屋而起的名号。这个名号含义广泛，代表了家屋继承人的一切权利与义务，包括住屋财产、屋外田地、粮税差役，以及族内人员在社会上的地位等。一般来说，这种名号得自于房屋创建之初，此后的继承者可以是儿子，也可以是女儿或女婿，且每代只传一人，不能兄弟或姊妹并传。因此嘉戎社会没有形成一般意义上的那种父系或母系世系群。为什么会有这样的制度？林耀华的初步分析认为，这是由于嘉戎位于贫瘠的川康边界的山区，经济和人口增长均很缓慢，是物质环境和社会结构共同作用的结果。关于这篇文章的缘起，林耀华后来回忆说："1945 年暑期，我又和我在成都燕大的研究生兼助教陈永龄一起去当时位于西康和四川交界处的嘉戎地区考察。这次考察的经费是由美国罗氏基金会和哈佛 — 燕京学社资助，沿途经过了汶川、理县、茂县、马尔康和理县羌族、藏族地区，重点考察限于理县北部的四土和五屯的嘉戎地区。嘉戎在今天已被识别为藏族的一个支系。但在当时，我们对于嘉戎的族属尚无定论。"[1] 林耀华的这篇英文文章是国内外最早考察嘉戎家族制度的专论，具有很高的学术价值。这次考察大有收获，但也并非没有遗憾："由于当时抗战胜利，燕大成都分校忙于返京复校。我的时间仓促，没有能够深入揭示嘉戎的这种世系制度究竟是怎样适应了当地的生活和社会环境。……我当时实际上已接触到了今天人们热衷于讨论的'实践'（practice）与'制度'（system）之间的关系问题。但是，由于当时受到结构 — 功能学派理论的束缚，我习惯于把社会当作是一个仅仅由规范和制度组成的世界，没有能够看到规范和制度仅仅是为人们的行动提供的框架，

---

[1] 林耀华《在大学与田野间》，北京大学出版社 2011 年版，第 97 页。

实具有主观意志的活动空间。能够权衡利弊的人们的实践固然受这种框架支配,但远非完全由其决定。"[1]这次考察后,林耀华还写了一本专著《四土嘉戎》,"很遗憾,《四土嘉戎》未能与读者见面。原因是书稿交上海商务印书馆后,即因全国解放而未出版刊行,后来竟至丢失。"[2]所以这篇英文论文和另外两篇中文文章[3]就成为林耀华1945年嘉戎地区考察的代表性成果了。

## 四、廖泰初

《学界》第四卷第二期载有一篇教育社会学论文,以社区研究为理论方法,非常值得关注,这就是廖泰初的《变动中的中国农村教育——山东和四川的私塾研究》[Rural Education in Transition: A Study of Old-fashioned Chinese Schools (Szu Shu) in Shangtung and Szechuan]。1905年废除科举以后,新式学堂在国家政策扶持下发展迅速,并逐渐推进到乡村。新式学堂基本分为小学、中学、大学,但它们的大量出现并没有能够取代旧式教育。该文选取山东汶上县和四川成都县的私塾作为研究对象,用大量数据和事实说明,在与新式学堂的竞争中,私塾由于受到一般民众的欢迎生命力依然顽强。据廖泰初归纳,私塾大致分为四种:一、塾师设馆招生的私塾;二、专收贫寒子弟的义塾;三、设立在义庄或宗祠内的书塾;四、一家或几家开设的家馆。如果按照教学层次,私塾又可分为蒙学、普通私塾、爨局、私塾大学。这些私塾基本可以满足乡村不同家庭背景的儿童的需要,

---

[1] 林耀华《在大学与田野间》,北京大学出版社2011年版,第99页。
[2] 林耀华《在大学与田野间》,北京大学出版社2011年版,第97—98页。
[3] 《川康北界的嘉戎土司》《川康嘉戎的家族与婚姻》。

所以虽然政府力推新式学堂，甚至采取打压和取缔私塾的政策，但效果却适得其反。该文深刻反映了民国时期中国乡村教育的矛盾性和复杂性，也显示了"教育救国"过程中的重重困境。从本文的材料来看，关于山东汶上县的资料来自作者1935年的调研，而成都县的资料则来自抗战期间作者在四川的实地考察。20世纪30年代，燕京大学等五所高校、山东省政府和中华平民教育促进会共同推进农村建设，汶上县是基地之一，1935年秋刚刚获得燕大硕士学位的廖泰初来到汶上县担任视学员，他用三个月的时间走访了该县200多个村庄，参观了150多家私塾，在实地调查的基础上用中文撰写了《动变中的中国农村教育——山东省汶上县教育研究》一书（燕京大学社会学系1936年版）。成都县的资料则是最新的，除了讨论和汶上县的相似之处，廖文特别考察了成都私塾在20世纪40年代的变化，比如一对一的教学变成了集体上课，增加了商业、外语方面的课程，接受年龄比较大的女生（14—16岁），逐渐放弃体罚等。这些变化一方面是由于战争年代的特别需要，另一方面也是适应不断变化的社会状况，由此可见私塾并非完全守旧，而是与时俱进，这也是它能够维持生命力的原因之一。廖泰初在文末指出，私塾被新式教育取代是早晚的事情，为了更好地做到这一点，他建议政府部门停止粗暴的教育政策，改善社会环境，加强新式学校自身建设，特别是要汲取私塾在人格养成、职业技术培训等方面的成功经验。

## 第三节 为葛兰言辩护

《燕京社会学界》第一卷第二期（1939年1月）刊登了两篇全面介绍葛兰言（Marcel Granet）思想学术的文章，出自葛氏的两位得意门生，一篇是杨堃的《葛兰言汉学导论》（An Introduction to Granet's Sinology），另外一篇是波兰学者夏白龙（Witold Jablonski）的《葛兰言及其作品》（Marcel Granet and His Work），两篇文章的总标题是《葛兰言评介》（Marcel Granet: An Appreciation），值得做一番介绍。

葛兰言（1884—1940）是法国著名汉学家，他最早用社会学方法进行中国研究，在西方影响巨大，但在近代中国学界却反响平平，远不如饱受赞誉的伯希和（Paul Pelliot）、马伯乐（Henri Maspero）等同门——三人都曾师从法国大汉学家沙畹（Edouard Chavannes），甚至遭到过严厉的批判。桑兵、王铭铭、李孝迁等当代中国学者都曾撰文讨论过其中的原因，他们不约而同地注意到民国时期葛兰言的几个中国学生的辩护文章：李璜《法国支那学者格拉勒的治学方法》（《新月》第二卷第八号，1929年10月）、王静如《20世纪之法国汉学及其对于中国学术之影响》（《国立华北编译馆馆刊》第二卷第八期，1943年8月）、高名凯《葛兰言教授》（《燕京学报》第30期，1946年6月）。中文之外，还有《燕京社会学界》上刊登的两篇英文的辩护文章，却一直没有受到中国学界的关注。

杨堃开门见山地指出，自1912年发表《中国古代婚俗考》（Coutumes Matrimoniales de la Chine Antique）以来，葛兰言一直尝试在中国研究上走一条新路。具体来说，他试图将中国古代社会作为一个整体来考察，从婚丧嫁娶等家庭礼俗入手，进而探讨古代社会组织制度，以及基于特定社会关系的精神层面，包括古代中国人的伦理道德、神秘想象乃至整个世界观和思想体系。

让杨堃感到遗憾的是，葛兰言的成就很少为中国学界所知，直到20世纪30年代他的代表作《中国文明》英译本（Chinese Civilization）和《中国古代的节庆与歌谣》英译本（Festivals and Songs of Ancient China）问世后才开始有人关注。同时他与中国学界联系较少，他的研究方法和中国传统的考据完全不同，也是他少受人注意的原因。更不幸的是丁文江的批评，1929年葛氏《中国文明》法文版（La Civilisation Chinoise）出版后，丁文江在英文《中国社会及政治学报》第15卷第二期（1931年7月）发表长篇评论 Professor Granet's La Civilisation Chinoise，对葛氏的著作乃至人品予以严厉抨击和讽刺，使本来就不被中国学界看好的葛兰言进一步被疏离。

丁文江认为葛兰言的最大问题在于忽视中国上古文献的真伪，过于重视传说。具体来说，"至少有三类错误不容置疑：一、将理想误认为事实，如以男女分隔制为古代普遍实行，殊不知只是儒家的理念。二、误读文献而得出与自己方法相合的错误事实观念。三、先入为主地曲意取证，尤其认为《诗经》尽属农民青年男女唱和。"[1]

丁文江的书评在海内外学界产生了一定的影响，但葛兰言本人并未给予回应。作为学生，杨堃的首要任务自然是为老师辩护。他指出，在批评

---

[1] 详见桑兵《国学与汉学》，中国人民大学出版社2010年版，第29页。

一个作者之前，首先要细读他的著作。丁文江到底多么了解法语？即使法语不错，也未必了解葛兰言的学术路径。问题的关键在于两人的思想方式完全不同，丁是科学家的头脑，主要受赫胥黎（J. S. Huxley）理性主义的影响，而葛是神话学家的头脑，受到的是涂尔干（Émile Durkheim），特别是莫斯（Marcel Mauss）社会学的影响。杨堃认为，葛兰言理解莫斯最为深刻，也最好地将莫斯的方法运用到自己的学术之中，他不仅是第一个运用社会学研究汉学的人（sinologue sociologiste），更是莫斯的最佳继承人，是莫斯之后法国社会学的代表。

杨堃指出，慢慢的、反省式的、反复的阅读是葛兰言的学术方法。他的《古代中国的舞蹈和传说》（Danses et Légendes de la Chine Ancienne）一书的长篇导言是其方法的最好说明，也是对汉学的革命性宣言。葛兰言首先提出的问题，就是如何研究古代中国的宗教和制度。现存的资料很多是传说，如何利用这些传说来进行研究？这些材料是否可以作为历史材料？对此葛兰言提出了自己独特的文献处理思路：一、去除正统材料和不正统材料之间的对立和差别，前者并不比后者更可信赖，它们只是用不同的态度处理一个主题；二、所有的材料都可以提供事实。如果研究是从事实出发，而不是从文本出发，将会获得更大的成效。这里葛兰言所说的事实是"社会事实"，是具有一定普遍性的事实。杨堃明确表示，葛兰言的作品，从具体的研究如《古代中国的舞蹈和传说》到内容广泛的《中国文明》都不是文本文献研究，而是对于社会制度和信仰体系的考察。同时，葛兰言不在意文献的年代，也不重视文献的校勘，这是他和自己的老师沙畹以及同学伯希和、马伯乐等人的不同之处，他的汉学研究目标不是描述中国文明，而是用社会学的方法分析和解释中国文明，在这一过程中他发现了古代中国很多令人惊讶的情况，看到了中国人几千年来习焉不察的事实，这是他的最大贡献。葛兰言的分析和解释可能有误，有些问题还需要等待考古挖掘来印证，但他的新方法、新观点无疑是非常有价值的。

和杨堃一样，夏白龙的辩护也是有理有据。他在《葛兰言及其作品》一文开篇写道："葛兰言在西方汉学中的地位相当特殊，很多人不承认他是汉学家，轻蔑地称他为'社会学家'，但是非汉学家很喜欢读他的书，总能找到有趣的东西。如果我们把汉学仅仅当作是传统中国文献学的西方对等物，那么葛兰言不是一个汉学家，但是如果我们认为汉学是对中国文明的研究，那么葛兰言的著作是对汉学的重大贡献。"作为葛兰言的学生，夏白龙不仅读老师的书，也了解老师的为人："葛兰言个性很强，但在书中并没有完全表现出来，他是一个学者、一个思想家，有时可以说是一个怪人。他长期浸淫于中国哲学特别是道家哲学，这使他沾染了不少道家的习性——喜欢悖论，不在意是否受人欢迎或瞩目，也无意创立自己的学派。他教育学生是通过设置各种问题，以此提示他们学术研究的细微性和复杂性。"[1]

夏白龙指出，葛兰言不是语文学家，那种考据学者经常使用的语言学方法是他所忽略的。他充分地利用中文文献，但不在意这些文献的来源和真伪，也不费心去考证它们的年代，这种方法招致了一些学者的严厉批评，他们认为只有时间准确真实的材料才能在科学研究中使用，但葛兰言并不这么想，也不承认自己的方法就不科学。他认为完全依靠古代遗留的文献来寻找"历史事实"几乎是不可能的，因为中国古代历史上的很多文本都

---

[1] Witold Jablonski, "Marcel Granet and His Work", *The Yenching Journal of Social Studies*, Vol. 1, No. 2, p. 242.

经过了儒家正统化的整理,并非本来面目,古典文献在漫长的历史时代中流失众多,传世的且时间明确真实的文献不足以成为所谓科学性研究的基础。葛兰言所追求的,是通过文献寻找古代中国的信仰、思想体系以及赖以形成的体制,而不是个别的史实。他认为,从古代中国只能发现信仰和态度,而不是物质和历史现实。葛兰言学术方法的另一个特点是对当代中国的学术出版物、考古发掘成果比较漠视,只利用自己的社会学、民族学知识来进行研究,夏白龙认为这样做也是无可厚非的。

和杨堃的观点相近,夏白龙认为葛兰言学术研究总的特色不在于解决问题,而在于形成问题、提出问题,通过揭示隐藏在似乎是简单事实下的复杂问题来发挥建设性的作用;在他的作品中,人们找不到新的文献资料,但能看到新问题和新方法。

杨堃和夏白龙在各自的文章中不约而同地提到了葛兰言关于"孔子相夹谷"的分析,这一事件在《左传·定公十年》《史记·孔子世家》等多处均有记载,但文字内容有不少出入,所以后人的讨论集中在这件事的有无以及孔子作用的大小,而葛兰言则特别注意到《春秋谷梁传》记载此事时的一段话:"齐人使优施舞于鲁君之幕下,孔子曰'笑君者罪当死。'使司马行法焉,首足异门而出。"[1]对于葛兰言来说,孔子是否确实说过这句话、做过这个决定并不重要,重要的是为什么处死一个犯人后要把他的头和脚从不同的门运出去。

目前国内学界唯一注意到夏白龙这篇文章的是李孝迁,他写道:"燕京大学发行的英文版《燕京社会学界》1939年第一卷第二期同时发表杨堃的 Marcel Granet: An appreciation 和波兰汉学家夏白龙的 Marcel Granet and his

---

[1] 承载《春秋谷梁传译注》,上海古籍出版社2004年版,第716页。

Work。这两篇文字是丁文江之后，葛氏中外学生公开回应丁的批评，而为其师辩护，在海外汉学界有一定影响。"这里他把杨堃的文章题目说成 Marcel Granet: An Appreciation 是不对的，杨文的题目是 An Introduction to Granet's Sinology。同样的错误出现在吴银玲的文章中："（杨堃）该篇文章的标题应该译为'葛兰言评介'，但是因为在原文标题下，杨堃添加了一个小标题 1.An introduction to Granet's Sinology，所以国内有人将这篇文章的题目翻译为'葛兰言中国学研究导论'。文章里并没有其他小标题，所以我并不清楚杨堃先生原意如何，所以特意指出来。"[1] 实际情况是，因为有两篇文章，所以杨堃的文章用1，夏白龙的文章用2，两人文章上面的一个总标题是 Marcel Granet: An Appreciation，估计吴银玲不知道杨堃的后面还紧跟着夏白龙的文章，所以不明白为什么只有1而没有2。最后值得一提的是，在《燕京社会学界》第一卷第二期的目录页上，杨堃文章的标题是 The Sociology of Granet（《葛兰言的社会学》），和正文中的不一样，而夏白龙文章的标题则没有这样的问题，是前后一致的。

20世纪下半叶以来，随着文献学的进步，以及简牍、帛书等一手文献的大量出土，学界已经逐渐走出了"疑古时代"。葛兰言的著述完成于20世纪早期，难免各方面的局限和不足，但他观察和讨论问题的方法和路径在今天仍然具有启发意义。中国学术一直深受历史考据学的影响，对于其他方法的借鉴和运用明显不足。就史料而言，神话、传说、故事等自有其价值，它们在考证一时一地的人物、事件方面确实不具有真实性，但其中蕴含的思想、概念、意识形态从长时段来看又是真实的。陈寅恪先生研究

---

[1] 李孝迁《葛兰言在民国学界的反响》，《华东师范大学学报》2010年第4期，第43页；吴银玲《杨堃笔下的葛兰言——读〈葛兰言研究导论〉》，《西北民族研究》2011年第1期，第181页。

唐代政治史，不仅使用《旧唐书》《新唐书》等正规史料，也不排斥街谈巷议等非正规史料，在说明唐代自高宗、武后以来重进士而轻明经这一事实时，他就首先使用了《康骈剧谈录》中李贺和元稹的故事，并做了这样的按语："剧谈录所纪多所疏误，自不待论。但据此故事之造成，可推见当时社会重进士轻明经之情状，故以通性之真实言之，仍不失为珍贵之社会史料也。"[1] 陈先生对"通性之真实"的强调，彰显了他作为史学大师的宽广视野。陈先生曾留学西方多年，他多元的史学观念和方法显然得益于包括葛兰言在内的西方学术的滋养。

---

[1] 陈寅恪《隋唐制度渊源略论稿·唐代政治史述论稿》，三联书店 2011 年版，第 272—273 页。

# 第四节 经济学研究

戴乐仁（T. B. Taylor）是燕京大学经济系的奠基人，他于1901年在英国利物浦大学获化学硕士学位，1906年受伦敦会派遣到中国传教。1917年，戴乐仁任燕京大学前身汇文大学副教授，其后成为燕京大学经济学科（经济系）的负责人和教授，总共为燕大经济系工作17年。在教学方面，他主张燕京大学应当为中国建设培养人才，并在经济系开设了"当代中国经济"等课程，涉及农、林、工、贸及财政、交通、劳动等方面的经济学内容。戴乐仁对中国经济问题，特别是农村经济问题有比较深入的研究。为促进中国经济的发展，戴乐仁热衷于合作社运动。他在中国华洋义赈救灾总会的工作就是组织和促进农村信用合作社制度。他还曾组织工业合作社运动，并得到国民政府的支持。他组织的工业合作社运动扩散迅速，1941年末达到顶峰，有1737个社会组织的约2.3万人参与其中。[1] 戴乐仁在《燕京社会学界》上发表的论文正是关于合作问题的，题目是 The Theory of Cooperation，他从社会学、经济学、心理学三个方面介绍了关于合作的理论，同时也介绍了自19世纪后期英国实业家和空想社会主义者罗伯特·欧文（Robert Owen）及其后来者在合作社建设方面的经验和教训。

---

[1] 张亚光、李雨纱《燕京大学经济系及其人物思想贡献》，《经济科学》2013年第3期，第125页。本节论述参考了该文。

《燕京社会学界》上另一篇关于合作问题的文章来自郑林庄，是关于胶济铁路消费合作社的个案研究（The Kiaotsi Railway Consumer's Co-operative Society: A Case Study）。合作社成立于 1930 年 11 月 1 日，目的是为了发扬互助精神，改善工人生活，免除商人剥削，增加生计。1936 年夏，郑林庄曾利用暑假到山东、江苏、浙江、江西、湖北等省调查当地推广合作社事业的情况，其间在青岛的胶济铁路消费合作社总社花了整整一周的时间进行调查，收集了大量的一手资料，包括社员的入股、信用、消费、贷款等，在此基础上撰写了这篇论文。郑林庄经过研究后认为，胶济铁路消费合作社是同类合作社中最成功的，原因在于组织有力，同时社员的文化水平也比较高。

　　燕京大学是郑林庄的母校。留学回国后，郑林庄在燕大经济系任教 17 年，其间任燕大经济系主任八年。他和戴乐仁都对合作社感兴趣。在他们两人担任系主任期间，燕大经济系曾两次成立消费合作社。戴乐仁认为组织消费合作社至少有两个好处，一是可以解决当时购买消费品的困难，二是也有助于学生对合作社事业的了解。1926 年 6 月，消费合作社第一次设立，资金通过校方借款和教职工认购债券获得。然而，由于合作社连年亏损，没有分红，被迫于 1930 年 7 月解散。抗战时期，郑林庄为了配合自己所讲授的合作经济学，并满足客观消费需要，于 1938 年再次组织成立消费合作社，这次合作社组织机构更严密，购进渠道挑选更严格，经营方式也更规范（如会计手续应用复式记账法），所以较第一次更为成功，师生也受益更大。特别是学生，通过在办社的过程中担任合作社理事、经理、会计、采购等职位的实践，学以致用，在理论学习、工作能力等方面获益匪浅。有学者指出，"燕大经济系的消费合作社经历在近代中国的合作运动史上具有相当特殊的意义和地位。"[1]

与对胶济铁路消费合作社的研究相比,郑林庄的另外一篇文章影响更大,这就是《1937年以来的华北商品价格》(Commodity Prices in North China since 1937),他以生活费指数为依据,以翔实的数据资料揭露了日本侵略给华北经济造成的灾难。生活费指数也称消费品价格指数、零售价格指数,对于研究特定时期经济发展变化、物价变动规律有着重要意义。郑林庄在这篇文章中留下的翔实数据直至今天仍是研究民国经济史的重要参考文献。

除了经济学论文,《燕京社会学界》还发表了多篇书评,其中最值得关注的是陈其田对于费孝通《江村经济》一书的评论,总体来说评价颇高,但也不客气地指出了其中的问题。陈其田认为费孝通的人类学调查和研究做得很好,但对经济的分析不够,缺乏一个农业经济学家的专门知识,同时对于已经出版的成果,如南京金陵大学农业经济学家卜凯(J. L. Buck)三卷本的《中国土地运用》(Land Utilization in China)利用不够。书中的不少数据主要是依靠观察和推测。陈其田认为,数据不足一方面因为作者主要是使用人类学方法进行研究,另一方面也是因为进行田野调查时间相对比较短(1936年7—8月)。此外陈其田还对于江村(开弦弓村)的代表性提出质疑,因为英文标题是 The Peasant Life in China,江村以种植水稻为主,还有丝绸作为副业,但只能作为南方农村的代表,并不能代表所有中国农村。江村的农活当时已经部分地使用机器,但对于其成败得失陈其田

---

[1] 张亚光、李雨纱《燕京大学经济系及其人物思想贡献》,《经济科学》2013年第3期,第123页。

认为费孝通的分析还不够深入。[1]

---

[1] Gideon Ch'en, "*Peasant Life in China* by Hsiao-Tung Fei", The Yenching Journal of Social Studies, Vol. 2, No. 2, pp. 702-703.

# 第五节 汉学研究

## 一、汉学引得

燕京大学在其存在的 30 多年中，对汉学研究最大的贡献莫过于"汉学引得丛刊"（Harvard-Yenching Institute Sinological Index Series）的编纂了。从 1930 年引得编纂处创立到 1951 年冬终止，前后历时 20 年，共编出引得 64 种，81 册。

汉学引得丛刊分"正刊"和"特刊"两种。"正刊"只有引得，包括（1）《说苑引得》、（2）《白虎通引得》、（3）《考古质疑引得》、（4）《历代同姓名录引得》、（5）《崔东壁遗书引得》、（6）《仪礼引得附郑注引书及贾疏引得》、（7）《四库全书总目及未收书目引得》、（8）《全上古三代秦汉三国六朝文作者引得》、（9）《三十三种清代传记综合引得》、（10）《艺文志二十种综合引得》、（11）《佛藏子目引得》、（12）《世说新语引得附刘注引书引得》、（13）《容斋随笔五集综合引得》、（14）《封氏演义引得》、（15）《太平广记篇目及引书引得》、（16）《新唐书宰相世系表引得》、（17）《水经注引得》、（18）《唐诗纪事著者引得》、（19）《宋诗纪事著者引得》、（20）《元诗纪事著者引得》、（21）《清代书画家字号引得》、（22）《刊误引得》、（23）《太平御览引得》、（24）《八十九种明代传记综合引得》、（25）《道藏子目引得》、

(26)《文选注疏引得》、(27)《礼记引得》、(28)《藏书纪事诗引得》、(29)《春秋经传注疏引书引得》、(30)《礼记注疏引书引得》、(31)《毛诗注疏引书引得》、(32)《食货志十五种综合引得》、(33)《三国志及裴注综合引得》、(34)《四十七种宋代传记综合引得》、(35)《辽金元传记三十种综合引得》、(36)《汉书及补注综合引得》、(37)《周礼引得附注疏引书引得》、(38)《尔雅注疏引书引得》、(39)《全汉三国晋南北朝诗作者引得》、(40)《史记及注释综合引得》、(41)《后汉书及注释综合引得》。

"特刊"则在引得前附有原文,原文后面才是引得,包括(1)《读史年表附引得》、(2)《诸史然疑校订附引得》、(3)《明代勅撰书考附引得》、(4)《引得说》、(5)《勺园图录考附引得》、(6)《日本期刊三十八种中东方学论文篇目附引得》、(7)《封氏闻见记校证附引得》、(8)《清画传辑佚三种附引得》、(9)《毛诗引得》、(10)《周易引得》、(11)《春秋经传引得》、(12)《琬琰集删存附引得》、(13)《一百七十五种日本期刊中东方学论文篇目附引得》、(14)《杜诗引得》、(15)《六艺之一录目录附引得》、(16)《论语引得》、(17)《孟子引得》、(18)《尔雅引得》、(19)《增校清朝进士题名碑录附引得》、(20)《庄子引得》、(21)《墨子引得》、(22)《荀子引得》、(23)《孝经引得》等共23种。

由以上引得细目可以看出,汉学引得丛刊是具有一定规模的工具书系统,经、史、子、集四部文献均有涉猎:十三经中十二经的引得已全部编印出来;廿四史中编印了前四史的综合引得,先秦诸子则编印了《庄子》《墨子》《荀子》的引得。汉学引得丛刊作为系统的学术工具书,为从事中国文史研究的学者,特别是海外学者提供了极大的便利。正如洪业在其引得理论成果——《引得说》一文开篇所说:"引得是一种学术的工具。学者用之，可于最短时间寻检书籍内部之某辞或某文。"[1]

中国古代虽然也有通检、备检、韵编等名目，但不是现代意义上的索引（index）。正如洪业所说，"中国前代学者，最不注意于工具书之纂辑，甚且鄙笑之，故此类书弥少，青年虽欲使用而不得。"[2] 20世纪初，伴随着整理国故运动的发展，受西方索引理论和思想的影响，中国索引运动迅速兴起。中国最早出现的索引是西方传教士在上海编制的中文《圣经》索引，其后索引理论和方法在中国逐渐传播开来。1925年，中华图书馆协会成立，同年正式设立了我国最早的索引机构——索引检索组。但直到1930年哈佛燕京学社引得编纂处的成立，才真正开启了中国索引编纂事业的全新发展时代。

在64种引得前面大都有序言，作序最多的正是洪业本人，其中最长的是《春秋经传引得序》，近十万言。洪业对2000年来中外学者有关《春秋》经文及公羊、谷梁、左氏三传的论述，广征博引并附以己说，充分吸收了前人及中外学者的研究成果，结合近代天文学的科学知识来加以论证，肯定了《春秋》的真实性，具有很高的学术价值。

齐思和将这篇重要文章的主要内容和观点翻译成英文，发表在《燕京社会学界》第一卷第一期上，题为《洪业教授论〈春秋〉》（Professor Hung on the Ch'un Ch'iu）。齐思和在开篇时写道："关于《春秋》，它是怎么成书的？它的作者是谁？它和《左传》的关系如何？二千年来聚讼纷纭。在此之前，还没有人像洪业教授那样全面彻底、以一种不偏不倚的态度来解决这些问题。本文的目的是概述洪文的主要观点和结论，为英语读者提供

---

[1] 刘梦溪主编《中国现代学术经典：洪业杨联陞卷》，河北教育出版社1996年版，第153页。
[2] 刘梦溪主编《中国现代学术经典：洪业杨联陞卷》，河北教育出版社1996年版，第153页。

便利。"[1] 洪业这篇十万字的长文首先通过关于日食和其他天文记录的分析确定了《春秋》的真实性，同时也反驳了今文学派认为该书由孔子创作的观点。洪业认为，《春秋》是根据已有的历史材料编纂出来的，而不是某个人的创作，《左传》使用的《春秋》可能不是孔子编撰的《春秋》，而是直接根据鲁国早期的编年史，《左传》的一部分借鉴了《国语》。洪业最主要的结论认为，《左传》的作者不是左丘明，而是汉朝人张苍（早年在秦朝担任过柱下史）。关于《左传》，近代以来一些外国学者也提出了自己的看法，如德国学者福兰阁、瑞典学者高本汉，洪业在论文中均给予了关注。齐思和的英文文章发表后，德国汉学家卫德明（Hellmut Wilhelm）在《学界》第二卷第二期发表了反馈意见《孔子与〈春秋〉》（Confucius and the Ch'un-Ch'iu），认为洪业论文的后半部分关于《左传》的讨论很精彩，非常具有说服力，但对于《春秋》则持有不同意见。卫德明坚持认为孔子是《春秋》的作者，并引用《孟子》，特别是司马迁和董仲舒的观点来作为佐证。

## 二、《老残游记》

在《学界》刊载的汉学论文当中，最值得关注的是谢迪克（Harold E. Shadick）的《老残游记，一部社会小说》（The Travels of Lao Ts'an: A Social Novel），后来他又将这部小说翻译成英文出版。谢迪克在文章的开篇引用胡适的英文文章《中国的文艺复兴》和中文文章《五十年来之中国文学》，指出晚清文学的最高成就不是梁启超的散文和林纾的翻译，而是白

---

[1] Ssu-ho Chi, "Professor Hung on the *Ch'un Ch'iu*", *The Yenching Journal of Social Studies*, Vol. 1, No. 1, p. 49.

话小说，分为南北两派，北派以《儿女英雄传》《三侠五义》《小五义》为代表，继承的是评话的传统，模仿的是《水浒传》。南派作家则更多地感受到了中国的危机，他们认为危机的根源不在外国的侵略，而在于官员的腐败和落后的科举考试制度。他们模仿的对象是《儒林外史》，三个代表作家是李宝嘉、吴沃尧、刘鹗（铁云）。在第二部分，谢迪克叙述了刘鹗不平凡的一生，从修铁路到开煤矿，种种大胆和开创性的事业虽然都失败了，但无疑最好地体现出了那一代中国先进知识分子的精神风貌。第三部分谢迪克开始讨论刘鹗的小说，认为是他失望情绪的寄托与表达，但小说的基调还是对人生抱有兴趣和希望。第四部分摘译了小说的一些内容，以此说明作者对中国社会和政治的批评。谢迪克认为《官场现形记》主要是揭露官场的腐败倾轧，而《老残游记》中虽然也有这样的内容，但更主要是揭露表面上正直认真的官员的自大、冷漠和愚蠢（刚弼和玉贤，以晚晴官场中的刚毅、毓贤为原型）。《官场现形记》中没有一个好官，但《老残游记》中有。谢迪克认为，刘鹗反对革命，但支持改革。从西方的角度来说，这本小说缺乏统一性，但它自有一种"情感的统一性"（unity of feeling），体现在"作者对人和事情的不倦的兴趣，他的道德感和无处不在的幽默感。"虽然不少人喜欢这部小说是因为它预言了义和团运动和革命的发生，但谢迪克认为"小说的吸引力在于呼唤改革，对于正直但残暴的官员的批判，以及对于别人没有注意到的腐败的关注。"谢迪克最后的结论是："这本小说虽然没有《水浒传》《红楼梦》那样丰富和伟大，但它在中国文学史上的位置已经确定。胡适将它列入《一个最低限度的国学书目》，希望到西方留学的中国人都要带上一本，那么西方人如果要了解中国和中国人的话，同样应该注意这部小说。"[1]

## 三、汉学书评

《燕京社会学界》刊登有不少书评，其中一部分评论海外的汉学研究，特别是对于刚刚出版的论著给予了关注。1938年美国青年汉学家卜德《中国第一个统一者：从李斯的一生研究秦代》（China's First Unifier: A Study of the Ch'in Dynasty as Seen in the Life of Li Ssu）问世不久，卫德明（Hellmut Wilhelm）就在《学界》第一卷第二期（1939年1月）及时给予了评论。该书是卜德的博士论文，以李斯的生平事迹为切入点，从政治、社会、经济和哲学活动等方面探讨了秦朝统一中国的原因。1938年卜德凭借这篇论文获得荷兰莱顿大学博士学位，同年该文作为莱顿大学"汉学研究书系"的第三种正式出版。该文分为十二个章节，分别是：（一）秦国的状况，（二）《史记·李斯列传》英译，（三）其他有关李斯生平的资料，（四）李斯传记评析，（五）秦始皇与李斯，（六）帝国的概念，（七）封建制的废除，（八）统一文字，（九）李斯的其他政策，（十）李斯的哲学背景，（十一）李斯的论辩方法，（十二）结论，此外还有一个附录讨论古代中国郡县制的兴起。卫德明非常欢迎卜德这本书的出版，为秦朝这样一个重要的朝代（重要性体现在深刻影响了此后中国的政治和社会结构）提供了一个新的研究视角。他认为全书特别重要的一个章节是（十）李斯的哲学背景，"卜德利用早期的儒家和墨家的文献，特别是荀子和韩非子的著作，说明了法家的发展与

---

[1] Harold E. Shadick, "The Travels of Lao Ts'an: A Social Novel", *The Yenching Journal of Social Studies*, Vol. 2, No. 1, pp. 39-69.

成熟，这个章节意义重大，因为到目前为止，西方还没有对于法家的详细研究，除了戴闻达译介的《商君书》。"[1]

确实如卫德明所说，第十章《李斯的哲学背景》基本上是一个简要的先秦哲学史，但卜德的论述没有按照儒家、道家、墨家这样的门派来分类，而是选取了贯穿于各派的五种思想来进行讨论：（一）权力主义，（二）法治，（三）帝王术，（四）功利主义，（五）历史观。对于建立一个大一统的帝国来说，独裁主义的思想是至关重要的。卜德在考察先秦的权力主义思想时，发现这一思想并非只是法家的专利，孔子、墨子的思想中都有权力主义的成分，而作为李斯老师的儒家大师荀子，其思想中的权力主义成分则更加显著。卜德认为荀子关于"势"的论述最值得关注："夫民易一以道而不可与共故。故明君临之以势，道之以道，申之以命，章之以论，禁之以刑。故其民之化道也如神，辨势（当作"说"，此字依卢文弨校改）恶用矣哉！今圣王没，天下乱，奸言起，君子无势以临之，无刑以禁之，故辨说也。"（《荀子·正名》）势就是权势、威势，是一种具有绝对权威不能不服从的强制力，这一术语此后不断出现在法家的文本之中，最有代表性的是韩非所引慎子的一段话："飞龙乘云，腾蛇游雾，云罢雾霁，而龙蛇与蚓、蚁同矣，则失其所乘也。贤人而诎於不肖者，则权轻位卑也；不肖而能服于贤者，则权重位尊也。尧为匹夫，不能治三人，而桀为天子，能乱天下。吾以此知势位之足恃，而贤智之不足慕也。夫弩弱而矢高者，激于风也；身不肖而令行者，得助于众也。尧教于隶属而民不听，至于南面而王天下，令则行，禁则止。由此观之，贤智未足以服众，而势位足以屈贤者也。"

---

[1] Hellmut Wilhelm, "Review of *China's First Unifier: A Study of the Ch'in Dynasty as Seen in the Life of Li Ssu* by Derk Bodde", *The Yenching Journal of Social Studies*, Vol. 1, No. 2, pp. 314-315.

(《韩非子·难势》）同样的思想也体现在李斯的作品中，他在给秦二世的上疏中说："凡贤主者，必将能拂世磨俗，而废其所恶，立其所欲，故生则有尊重之势，死则有贤明之谥也。"（《史记·李斯列传》）这种所谓"明君独断"的思想为秦国建立帝业提供了思想资源和精神动力，但也为它的暴政和迅速灭亡埋下了祸根。

在卜德《中国第一个统一者》问世的同一年，美国另一位青年汉学家谢理雅（J. K. Shryock）出版了对于刘劭《人物志》的翻译与研究的著作 The Study of Human Abilities: The Jen Wu Chih of Liu Shao。在译文之前，作者用五个章节介绍了书的内容及其产生的背景。三国时期的政治和思想发展是第一章的内容；第二章介绍刘劭，主要是利用《三国志》中他的传记；第三章讨论书的性质，重点批判了《四库全书总目提要》中的评价；第四章讨论了作者的哲学思想；最后一章比较了《人物志》与东西方同类作品的异同。齐思和在《学界》第二卷第一期（1939年7月）及时发表了书评，他首先指出，该书是对于三国研究的一大贡献，此前西方汉学界鲜有人涉足这一领域。那种认为自从汉朝建立到近代西方人入侵中国之前中国变化不大的观点是站不住脚的，中国一直在变化之中，特别是在分裂时期变化更大，体现在社会结构和制度等方面。这些变化会在和平和统一时候被消化吸收，所以常常不被轻易察觉。三国时期是中国人最具有创造力的时期之一，由于儒家思想失去了正统地位，人们的思想异常活跃，产生了大量的政治和哲学著作，刘劭的《人物志》是其中重要的一部，讨论的是当时一个热门话题——如何选拔有品行和能力的人来出任公职。

对于谢理雅的论述，齐思和认为很有价值，对于不太了解那个时代的西方读者来说尤其如此。但从更专业的角度来看也存在一些问题，如第一章介绍三国时期的政治和思想发展情况，谢理雅利用《三国演义》的材料过多，其中不少戏剧性的描述只是文学想象。此外，谢理雅在第四章讨论作者哲学思想时忽略了《新律序典》（在《晋书·刑法志》和《通典·刑法典第一百六十三》均有记录）。总体来说，齐思和认为虽然谢理雅介绍了《人物志》产生的背景，但还是不够充分。在早期中国的哲学家中，孔子和孟子都曾经讨论过鉴别人品优劣的方法，此后这一传统在荀子、董仲舒、扬雄、班固、王充等人那里得到了发扬，其中班固最喜欢评论古今人物，并按照品德和能力把他们分为九等（《汉书·古今人表》）。班固之后人物品鉴日趋发展，到三国时期成为一种时髦，并上升为一种政治制度（九品中正制）。既然看人选人如此重要，《人物志》作为第一部专门著作的出现也就是顺理成章的了。

《人物志》以魏晋时期比较古怪的文体写成，文本不是很好翻译。刘昺的注释主要是解释文字的哲学含义而不是语句的意思，帮助不大。齐思和认为谢理雅的翻译基本做到了忠实于原文，译本本身就是对西方汉学的重要贡献。

随着卜德、谢理雅等一批年轻汉学家的出现，美国专业汉学有了一定的发展。但还是不够迅速，为此博晨光（L. C. Porter）专门为《学界》撰写了《西方学者应该对中国文化分科研究》（Chinese Culture Departmentalized for the Western Student）一文进行呼吁。他指出，1928年12月美国学术团体理事会（American Council of Learned Societies，1919年建立的全国性学术促进机构）专门成立了"促进中国研究委员会"（Committee on the Promotion of Chinese Studies），在它的努力推动下，过去十年当中美国学术界对于中国历史文化表现出了较大的兴趣，产生了一些成果，但仍然存在不少问题，突出表现在中国研究基本局限在大学的中文或东亚系，还没有进入各个学科，也就是说，中国历史研究还没有进入大学的历史系，中国经济研究还没有进入经济系，而这些院系的师生常常为寻找新的研究课题煞费苦心。博晨光明确指出，中国研究是一个巨大的宝藏，"如果把现代的科学方法用于中国材料，将会找到大量新鲜的研究课题。"[1]对于汉语难学的问题，博晨光认为有两个解决途径，一是不少中文材料已经被翻译成西方语言，而且会与日俱增；二是激起学生对于更广泛知识领域的兴趣，兴趣一旦被激发，语言障碍完全可以克服，就像研究埃及、波斯、印度一样。

---

[1] L. C. Porter, "Chinese Culture Departmentalized for the Western Student", *The Yenching Journal of Social Studies*, Vol. 2, No. 1, p. 118.

# 《燕京社会学界》篇目

### 第一卷第一期（1938年6月）

Articles:

Ch'eng-hsin Chao（赵承信）: Recent population changes in China

Ssu-ho Chi（齐思和）: Professor Hung on the Ch'un Ch'iu

Harold D. Lasswell: Intensive and extensive methods of observing the personality-culture manifold

Lin-Chuang Cheng（郑林庄）: The Kiaotsi railway consumer's co-operative society-a case study

Rudolf Lowenthal（罗文达）: Printing paper: its supply and demand in China

Notes and queries:

An-che Li（李安宅）: Notes on the necessity of field research in social science in China

Gideon Ch'en（陈其田）: When was the first foreign loan to China?

Book reviews:

Ph. de Vargas（王克私）: *Le père Mattieu Ricci et la société chinoise de son temps*（*1552-1610*）by R. P. Henri Bernard

Ch'eng-hsin Chao(赵承信): *The invasion of China by the western world* by E. R. Hughes

Michael Lindsay(林迈可): *Lament for economics* by Barbara Wootton

Michael Lindsay(林迈可): *Ends and Means* by Aldous Huxley

## 第一卷第二期（1939年1月）

Articles:

Chang Tung-sun(张东荪): A Chinese philosopher's theory of knowledge

M. F. M. Lindsay(林迈可): Consumers' preference and planning

Gideon Ch'en(陈其田): Tso Tsung-t'ang: the farmer of Hsiangshang

Notes and queries:

Marcel Granet: An appreciation

Yang K'un(杨堃): An introduction to Granet's Sinology

Witold Jablonski(夏白龙): Marcel Granet and his work

Bibliography:

Rudolf Lowenthal(罗文达): The Jews in China

Book reviews:

G. E. Taylor(戴德华): *China's struggle for tariff autonomy* by S. F. Wright

Lin-Chuang Cheng(郑林庄): *Land utilization in China* by John Lossing Buck

Hellmut Wilhelm(卫德明): *China's first unifier, a study of the Ch'in dynasty as seen in the life of Li Ssu* by Derk Bodde

E. S. Bennett: *Literary Chinese by the inductive method*（vol. I, The Hsiao Ching）by H. G. Creel, T. C. Chang, and R. C. Rudolph

W. B. Pettus（裴德士）: *Studies in Early Chinese culture, first series* by H. G. Creel

Gideon Ch'en（陈其田）: *The growth and industrialization of Shanghai* by D. K. Lieu

Yu-ch'uan Wang（王毓铨）: *Shansi P'iao Chuang K'ao Lueh* 山西票庄考略 by Gideon Ch'en

Ch'eng-hsin Chao（赵承信）: *Population pressure and economic life in Japan* by Ryoichi Ishii

Ch'eng-hsin Chao（赵承信）: *Limits of land settlement, a report on present-day possibilities* by Isaiah Bowman

M. F. M. Lindsay（林迈可）: *World finance 1937-1938* by Paul Einzig

John Robey: *Italy's foreign and colonial policy, 1914-37* by M. H. H. Macartney and P. Cremona

Bingham Dai（戴秉衡）: *Personality and the cultural pattern* by James S. Plant

R. C. Sailer（夏仁德）: *The neurotic personality of our time* by Karen Horney

R. C. Sailer（夏仁德）: *The folklore of capitalism* by Thurman Arnold

M. Kennedy: *The spirit of India* by W. J. Grant

G. E. Taylor（戴德华）: *The wild rue* by Bess Allen Donaldson

R. G. Irwin: *The Great cremation ground*（mahasmasana）, a critical *dissertation on Indian philosophy* by Elizabeth Sharpe

G. E. Taylor（戴德华）: *The delights of dictatorship* by F. L. Lucas

## 第二卷第一期（1939年7月）

Articles:

Augusta Wagner（文国鼐）: The international labor organization and the regulation of labor condition in China

Harold E. Shadick（谢迪克）: *The travels of Lao Ts'an*: a social novel

Tun-jou Ku（顾敦鍒）: Experiments in local government

Notes and queries:

Ph. de Vargas（王克私）: William C. Hunter's books on the old Canton Factories

L. C. Porter（博晨光）: Chinese culture departmentalized for the western student

W. Sheldon Ridge: Poliana

Book reviews:

Ch'i-yu Wu（吴其玉）: *The early empires of central Asia* by W. M. McGovern

Ssu-ho Ch'i（齐思和）: *The study of human abilities: the Jen Wu Chih of Liu Shao* by J. K. Shryock

Wolfgang Franke（傅吾康）: *Chinese traditional historiography* by Charles S. Gardner

Ch'eng-hsin Chao（赵承信）: *The Chinese people, new problems and old background* by George H. Danton

Jui-wu Kuan（关瑞梧）: *Chinese women, yesterday and today* by Florence Ayscough

Tun-jou Ku（顾敦鍒）: *Chinese art, an introductory handbook to painting, sculpture, ceramics, textiles, bronzes and minor arts* by B. T. Batsford

E. S. Bennett: *Chinese jade throughout the ages: a review of its characteristics, decoration, folklore and symbolism* by Stanley Charles Nott

Francis W. Cleaves（柯立夫）: *Dix-huit chants et poèmes mongols* by la Princesse N. de Torhout et Madame Humbert-Sauvageot

Ch'eng-hsin Chao（赵承信）: *An island community, ecological succession in Hawaii* by Andrew W. Lind

M. F. M. Lindsay（林迈可）: *Science for the Citizen* by Lancelot Hogben

Shun-hsin Chou（周顺鑫）: *The theory of forward exchange* by Paul Einzig

M. F. M. Lindsay（林迈可）: *Socialism versus capitalism* by A. C. Pigou, *On the economic theory of socialism* by O. Lange, F. M. Taylor & B. E. Lippincott

W. T. Low: *Handbuch der Weltpresse, Eine Darstellung des Zeitungswesens aller Länder*

W. Sheldon Ridge: *Laughing diplomat* by Daniele Varé

## 第二卷第二期（1940 年 2 月）

Articles:

Lin-Chuang Cheng（郑林庄）: Commodity prices in north China since

1937

T'ai-Ch'u Liao（廖泰初）: School land: a problem of educational finance

J. B. Tayler（戴乐仁）: The theory of cooperation: a preface to social economy I

Gideon Ch'en（陈其田）: Early history of China's external debts

Notes and queries:

An-Che Li（李安宅）: Through forbidden Tibet?

Arthur W. Hummel（恒慕义）: Correspondence regarding William C. Hunter

Hellmut Wilhelm（卫德明）: Confucius and the *Ch'un-Ch'iu*

Book reviews:

Ch'eng-hsin Chao（赵承信）: *An experiment in the registration of vital statistics in China* by C. M. Chiao, W. S. Thompson and D. T. Chen

Gideon Ch'en（陈其田）: *Peasant life in China* by Hsiao-Tung Fei

Ch'eng-hsin Chao（赵承信）: *Agrarian China, selected source materials from Chinese authors*

Henry Y. C. Hu（胡毓杰）: *Government in republican China* by P. M. A. Linebarger

R. C. Sailer（夏仁德）: *Social and psychological studies in neuropsychiatry in China* by R. S. Lyman, V. Maeker and P. Liang

Ssu-ho Ch'i（齐思和）: 食货志十五种综合引得（Combined indices to the economic section of fifteen standard histories）by William Hung and others

Ph. De Vargas（王克私）: *Jan compagnie in Japan, 1600-1817* by C. R.

Boxer

 L. C. Porter（博晨光）：*K'e Hsueh Fang Fa Lun* by René Archen

 Augusta Wagner（文国鼐）：*An outline of international price theories* by Wu Chi-yuen

 Lin-Chuang Cheng（郑林庄）：*Year book of agricultural co-operation, 1939*

 Ti Huang（黄迪）：*T he study of society: methods and problems* by F. C. Bartlett, M. Ginsberg, E. J. Lindgren and R. H. Thoulass

 Rudolf Lowenthal（罗文达）：*Public opinion* by William Albig

## 第三卷第一期（1940年10月）

Articles:

 Ch'eng-hsin Chao（赵承信）：Familism as a factor in the Chinese population balance

 J. B. Tayler（戴乐仁）：The theory of cooperation: a preface to social economy II

Bibliography:

 Feng-T'ien Chao（赵丰田）：An annotated bibliography of Chinese works on the first Anglo-Chinese war

Notes and queries:

 M. G. Griebenow：Tibetan religious festivals

Book reviews:

 Philippe de Vargas（王克私）：*Correspondence de Ferdinand Verbiest de la Compagnie de Jésus（1623-1688）, directeur de l'observatoire de Pekin* by H.

Josson, and L. Willaert

    Kyi-yuan Hu（胡继瑗）: *The history of minting in China* by E. Kann

    H. Kroes: *Lin Tse-hsu, Een biographische Schets* by G. W. Overdijkink

    Lin-Chuang Cheng（郑林庄）: *Co-operation for economically undeveloped countries* by W. H. K. Campbell

    Howard S. Galt（高厚德）: *With the white cross in China* by H. F. MacNair

    An-che Li（李安宅）: *Cultural relations on the Kansu-Tibetan border* by R. B. Ekvall

    Philippe de Vargas（王克私）: *Western concepts of China and the Chinese, 1840-1876* by M. G. Mason

    George R. Loehr（刘乐意）: *China, Then and Now* by Jean Escarra

    John Kullgren: *The religious periodical press in China* by Rudolf Lowenthal and others

    Ti Huang（黄迪）: *Suye Mura: a Japanese village* by J. F. Embree

    Ch'eng-hsin Chao（赵承信）: *Critiques of research in the social sciences* by H. Blumer

    Agnes F. C. Ch'en（陈芳芝）: *Antistatism, essay in its psychiatric and cultural analysis* by Mousheng Hsitien Lin

    I-hsiu Wang（王聿修）: *Freedom and culture* by John Dewey

    His-t'ung Chang（张锡彤）: *Inside Germany* by Albert Carl Grzesinski

    I-hsiu Wang（王聿修）: *Power, a new social analysis* by Bertrand Russell

## 第三卷第二期（1941年8月）

Articles:

Rudolf Lowenthal（罗文达）: The copyright in China

Ch'i-yu Wu（吴其玉）: Who were the Oirats?

Notes and queries:

Henri Bernard（裴化行）: Notes on the introduction of the natural sciences into the Chinese empire

Book reviews:

Gideon Ch'en（陈其田）: *Yu chai t'sung kao ch'u k'an*（first edition of the drafts of Sheng Hsuan-huai）

Lin-Chuang Cheng（郑林庄）: *A study of the rural economy of Wuhing, Chekiang* by the China institute of economic and statistical research; *Industrial capital and Chinese peasants* by Chen Han-seng

Agnes F. C. Ch'en（陈芳芝）: *United States policy toward China* by P. H. Clyde

C. J. Hope-Johnstone: *French Indo-China* by Virginia Thompson

M. F. M. Lindsay（林迈可）: *The twenty years' crisis, 1919-1939* by E. H. Carr

M. F. M. Lindsay（林迈可）: *The end of economic man* by P. F. Drucker

His-t'ung Chang（张锡彤）: *The President; Office and powers* by E. S. Corwin

Ch'eng-hsin Chao（赵承信）: *Foundations of sociology* by G. A. Lundberg

R. Brank Fulton: *The forgotten gospel* by C. Guillet

### 第四卷第一期（1948 年 8 月）

Articles:

Ch'I Ssu-ho（齐思和）: A comparison between Chinese and European feudal institutions

Agnes F. C. Ch'en（陈芳芝）: China's northern frontiers: historical background

T'ai-ch'u Liao（廖泰初）: The apprentices in Chentu during and after the war

Luh Chih-wei（陆志韦）: Language forms and thought forms

Ch'eng-hsin Chao（赵承信）: P'ing-Chiao-Tsun as a social laboratory: the process of social cooperation in the solution of similar and common problems of the population of a Peiping suburban village

Notes and queries:

L. C. Porter（博晨光）: Adjusting human relationships through social habits

Book reviews:

Kuo-liang Ho（何国樑）: *Chung kuo cheng chih ssu hsiang shih*（*A History of Chinese political thought*）by Hsiao Kung-chuan

His-t'ung Chang（张锡彤）: *Kuo min ta hui chih tu lun shu*（*A Treatise on the Chinese national assembly*）by Yu-hsiang Ch'en

### 第四卷第二期（1949 年 2 月）

Articles:

Chih-ang Chiang（蒋旨昂）: Comparative security systems

T'ai-ch'u Liao（廖泰初）: Rural education in transition: a study of old-fashioned Chinese schools（szu shu）in Shangtung and Szechuan

Lin Yueh-hua（林耀华）: The Kinship system of the Giarung

Agnes F. C. Ch'en（陈芳芝）: Chinese frontier diplomacy: the coming of the Russians and the Treaty of Nertchinsk

Agnes F. C. Ch'en（陈芳芝）: Chinese frontier diplomacy: Kiakhta boundary treaties and agreements

Book reviews:

Ch'eng-hsin Chao（赵承信）: *Population and peace in the Pacific* by Warren S. Thompson

Ch'eng-hsin Chao（赵承信）: *The future population of Europe and the Soviet* by Frank W. Notestein and others; *Economic demography of eastern and southern Europe* by Wilbert E. Moore; *The population of the Soviet Union: history and prospect; Europe's population in the interwar years* by Dudley Kirk

# 结 语

从上文几章对于近代北京英文刊物的研究，我们不难看出，这些刊物的内容从大的方面可以分为西学东渐和中学西传。近代以来，西方的各种学术——政治学、法学、社会学、经济学等被陆续介绍进入中国。在早期的传播中，传教士功不可没，但他们毕竟不是专业学者。20世纪以来，随着专业学者的积极参与，西学以更大规模、更高水准被传入中国，从本书讨论的几种刊物可以看出清晰的轨迹，特别是办刊长达25年的《中国社会及政治学报》，内容之丰富，作者队伍之强大，甚至是今天都不容易超越的。

关于中国政治学会的建立，芮恩施后来在回忆录中这样写道："美国关于建立教育性质的机构的倡议在北京受到了欢迎。有许多官员和学者都对经济和政治问题的科学研究感兴趣。我曾常同他们以及美国和欧洲的朋友们谈起成立一个专门从事这种工作的协会的愿望。直到最近还在主宰着中国的精神生活的旧的文学知识已经大部分不能满足人们的需要，而西方科学知识的作用尚未强大到足以充当知识团体的主要联结力量。由于一切政治和社会活动以及工商业方面一切有组织的努力都有赖于知识界的力量，因此，无组织和混乱都会很快给中国的生活造成威胁，除非建立一些能够把旧文化和新文化协调有机结合起来的中心，以便集中知识界的力量。这种中心将会发挥很大影响。由于中国外交总长陆徵祥先生和其他一些朋友都同样认为需要建立这样一个思想和讨论中心,因此,我们于1915年11月决定采取步骤,成立中国政治学会。"[1]可见,在很多人的心目中,引进西方的知识不仅有助于克服中国当前的各种困难,也有利于未来的发展。

对于中国学术更有价值的是,这些西方学术引入后,开始逐步实现中国化,我们发现这些刊物上的大部分文章都和中国有关,它们是西方学术本土化的重要文献。同时这些刊物也见证了中国文化和中国学术的西传,其中外国人的文章构成了海外汉学的重要组成部分。他们讨论中国问题的角度、视野,以及结论本身均具有一定的学术价值。

值得注意的是,进入20世纪,随着学术的国际化,中外学人的交往与合作日益增多。在汉学领域,外国学者不仅得到中国学者个人的指导和帮助(如费正清之与蒋廷黻),更有来自中国学术机构的大力支持。以北平图书馆《图书季刊》、燕京大学"汉学引得丛刊"为代表的一系列出版物,为外国学者进入中国研究提供了极大的便利。北平图书馆的三份英文刊物、《辅仁英文学志》以及《燕京社会学界》上的相关文章,为我们了解20世纪上半叶中国学术的世界意义和北京作为中国学术中心的重要地位提供了宝贵的一手文献。

从出版史,特别是北京出版史的角度来看,这些刊物的价值也是不容低估的。19世纪下半叶以来,在华出版的西文学术刊物日渐增多,其中涉及汉学研究领域的期刊,以《皇家亚洲文会北中国支会会报》和《中国评论》为代表,另有《教务杂志》(The Chinese Recorder,1868—1941)等宗教类刊物中的相关文章,但以上刊物均在上海、香港、福州等开埠口岸

---

[1] Paul S. Reinsch, *An American Diplomat in China*(Doubleday & Page, 1922), pp. 152-153.

创办，北京虽为中国传统的文化、学术中心，却直到1885年北京东方学会成立之后才拥有本地的第一份西文学术刊物——《北京东方学会会报》（Journal of the Peking Oriental Society，1885—1898）。然而以上各种刊物均为西方汉学家、传教士主持，撰稿人员则近乎全部是西方人士。这种由西方垄断的局面直到《中国社会及政治学报》创刊才有所改观。此后中国学界的主导权日益凸显，这从《图书季刊》等平馆刊物可以看出，到了《燕京社会学界》，则主编完全由中国人担任。

这些刊物的作者基本上是两类人，一类是外国学者，其中不少和中国有着千丝万缕的联系，另一类（也是人数更多的）是近代中国的留学生，他们是推动中国现代化的一支重要力量。此前国内外学界已经出版了不少成果，但是对他们的英文著作的研究还是远远不够。他们的中文文章固然重要，但英文文章更直接地体现了他们的学术思想。他们在近代的知识移植和本土转型方面做出了无法替代的贡献。梁启超曾说，"晚清西洋思想之运动，最大不幸者一事焉。盖西洋留学生殆全体未尝参加于此运动；运动之原动力及其中坚，乃在不通西洋语言文字之人。坐此为能力所限，而稗贩、破碎、笼统、肤浅、错误诸弊，皆不能免。故运动垂二十年，卒不能得一健实之基础，旋起旋落，为社会所轻。"[1]民国以后，这一状况得到了很大的改变，随着以清华留美生为代表的近代留学生回国，西学的传播达到了前所未有的深度和广度。我们看这四份刊物就不难发现，当时的留学生在学术上是多么活跃。

留学生的可贵之处在于，他们回国后不同程度地意识到西方学术中国化的问题，并身体力行，取得了巨大的成绩。以其中的佼佼者方显廷为例，

---

[1] 梁启超《清代学术概论》，《中国现代学术经典·梁启超卷》，河北教育出版社1996年版，第206页。

"他在纽约大学和耶鲁大学学习期间,受过严格的西方经济学训练,功底十分深厚。他在耶鲁大学的博士论文,题为《英格兰工厂制度之胜利》,赢得了国外学术界的好评。……十九世纪中期前后的英国工厂组织,传统的分类方法是按照个体手工工匠、家庭作坊制和工厂制度来划分的,而方显廷先生在博士论文中则按照另一种划分方法,即按照手工艺人、商人雇主和工厂制度分类,这种分类主要突出了商人雇主在工业化初期的作用,工厂制度的胜利实际上也就是工厂组织取代商人雇主制度的胜利。这篇博士论文不仅可以看成是工业经济史研究的成果,而且也可以看成是企业组织理论的一项突破。方显廷先生回国后,除了对欧洲经济史继续进行研究以外,他的主要研究领域转入了中国近代工业史和中国近代地区经济发展史。……1934年由国立编译馆出版的《中国之棉纺织业》,是方显廷先生的力作,也是第一本对中国棉纺织业进行系统研究的学术著作,资料翔实,分析透彻,尤其是在该书中专门论及中国棉纺织业发展中所遇到的阻力以及今后的发展前途等章节,反映了方显廷先生对国民经济中这一重要产业的远见卓识。"[1] 从已经取得很高成就的纯粹的西方经济史研究转入陌生的对当下中国经济的调查和研讨,在方显廷是自觉自愿的,他曾明确表示:"如果可以将'口号'这个词使用到学术问题上的话,特别是考虑到所谓'制度化'的因素,那么南开经济研究所的口号就是要把经济学'中国化'。"[2] 其实不仅是经济学,其他学科也是如此。1931年陈寅恪沉痛地写道:"考察全国学术现状……社会科学领域,则本国政治、社会、财政、经济状况,非乞灵于外

---

[1] 厉以宁"总序",《方显廷文集》第一卷,商务印书馆2011年版,第 iii 页。
[2]《方显廷回忆录》,商务印书馆2006年版,第78—79页。

人的调查统计,几无以为研究讨论之资。"[1]他大声疾呼改变社会科学的现状,可以说是代表了中国学界,特别是留学生们的心声。

但在看到留学生巨大贡献的同时,我们也必须清醒地意识到,他们基本是运用西方的理论来研究中国问题,在反思西方理论方法论方面做得很不够,没有建立起一套中国的理论和方法论,近代中国学人在社科领域几乎没有写出具有世界影响的大著作。

这些刊物所包含的大量资料是一个宝藏,值得学界从不同角度进行探讨。即使是已经被学界研究比较充分的人物,如蔡元培、严复、梁启超、杜威、汤因比、孟禄等,他们在《中国社会及政治学报》上发表的文章也尚未引起足够的注意,一个最能说明问题的证据就是他们的《全集》中均未收入这些英文文章。至于其他名气小一点的人物,受到的关注就更有限了。

以胡适为例。1919年初,胡适在《北京导报》(Peking Leader)增刊《1918年的中国》(China in 1918)上发表了题为《中国的一场文学革命》(A Literary Revolution in China)的文章,这是最早介绍"文学革命"的英语文献。1922年初,在白话取得全面胜利的情况下,胡适再次用英文撰写了一篇题为《中国的文学革命》(The Literary Revolution in China)的文章,发表在《中国社会及政治学报》第六卷第二期(1922年2月)上,又一次向英语读者介绍白话文运动。在这篇文章中,胡适首先简要回顾了意大利语、法语、英语等近代欧洲语言兴起并取代拉丁语的历史,说明文言文和拉丁语一样,是一种脱离口语的死语言,是应该被取代的。接着他从中国自汉唐直到近代的历史中举了若干例子,说明白话是活泼的、有生命力的语言,是完全可以作为文学工具的语言。结合中外的历史,胡适令人信服地指出,

---

[1] 陈寅恪《吾国学术界之现状及清华之职责》,载《国立清华大学二十周年纪念刊》(1931年5月)。

白话取代文言是大势所趋，文学革命成功的最大因素是时代的需要和发展，至于他个人的作用，则在于明确意识到了这一趋势并率先喊出了革命的口号。和第一篇相比，胡适在第二篇文章中更多地谈到了近代欧洲语言的演变情况，他山之石可以攻玉，意大利语、法语等现代西方语言的发展史是胡适思考中国语言现代化的一个重要参考，他在文中写道："在中国白话文学史上缺少一个重要的因素来摧毁文言的地位，这就是用一种自觉和坦率的态度来承认文言是一种死语言，因此不适合再作为现代中国的国语。但丁不仅用意大利语进行创作，还写了《论俗语》来为之辩护。薄伽丘也是一样。在法国，七星诗社大力宣扬法语作为诗歌语言的表现力，杜贝莱专门写了《保卫和发扬法兰西语》的宣言书。白话所缺少的正是这种有意识的提倡。"[1]可以说，胡适文学革命的主张绝不只是体现在他的《文学改良刍议》（1917年1月《新青年》）等中文文章中，他的英文文章是同样重要的，只有全面关注各类文献才能真正把握胡适思想的全貌。此外，胡适在《中国社会及政治学报》第四卷第四期（1919年12月）发表的《1919年的中国思想界》一文同样值得引起高度关注。

进入21世纪以来，不少学科开始回顾自身的百年历史，一些人物、著作开始浮出历史地表，也出版了一些讨论这些人物著作的书籍和论文，但范围多局限于他们的中文著作（包括他们翻译外国学者的作品），对于他们英文作品的关注还远远不够，有的完全不著录，有的著录有误。比如赵承信，还基本无人关注。即使是关注多一些的，如李安宅，问题也不少，最近出版的王川著《〈李安宅自传〉的整理与研究》（中国藏学出版社2018年

---

[1] Shih Hu, "The Literary Revolution in China", *The Chinese Social and Political Science Review*, Vol. 6, No. 2, p. 97.

12月版）中"附录三《李安宅论著目录》"就漏掉了他在《燕京社会学界》中的三篇英文文章：（1）Notes on the Necessity of Field Research in Social Science in China；（2）Through Forbidden Tibet？（3）Reivew of *Cultural Relations on the Kansu-Tibetan Border* by R. B. Ekvall。稍早一些，赵定东等编写的《民国时期部分社会学家记事辑》（中国社会科学出版社2014年版）中的李安宅部分倒是注意到了他在《燕京社会学界》上的文章，但只叙录了后两篇，遗漏了第一篇，而且编者把刊物名称写成《燕京大学社会科学研究学报》，也是不对的。[1] 再如杨俊光著《齐思和史学研究》（中国社会科学出版社2018年6月版），附录一《齐思和学术年表》对于齐在《燕京社会学界》上的英文文章也语焉不详，实际上，齐思和在这份刊物上发表了两篇论文和两篇书评，是他一生中相当重要的学术成果。

可以说，这些英文刊物是一个宝藏，本书只是做了一些初步的梳理和探讨，深入的研究期待更多学者和专家的参与，从政治学、社会学、中国学术史、中国出版史、西方汉学史等多个角度切入，一定会产生更多更有价值的成果。也正是基于这一考虑，本书在每一章的最后详细列出了刊物的篇目，为学界今后的研究提供方便。

---

[1] 赵定东等编《民国时期部分社会学家记事辑》，中国社会科学出版社2014年版，第326页。

# 主要参考文献

北京图书馆业务委员会《北京图书馆馆史资料汇编（1909—1949）》，书目文献出版社 1992 年版

陈寅恪《隋唐制度渊源略论稿·唐代政治史述论稿》，三联书店 2011 年版

陈垣《陈垣全集》第二册，安徽大学出版社 2009 年版

丁文江等编《梁启超年谱长编》，中华书局 2010 年版

方显廷《方显廷回忆录》，商务印书馆 2006 年版

方显廷《中国之棉纺织业》，商务印书馆 2011 年版

顾钧《费正清的第一篇论文》，《历史档案》2011 年第 1 期

顾钧《最早介绍"文学革命"的英语文献》，《新文学史料》2016 年第 4 期

顾钧《英文〈燕京社会学界〉管窥》，《中华读书报》2021 年 1 月 6 日

顾钧《民国时期一次学术交锋——从刘大钧〈上海工业化研究〉的一则英文书评谈起》，《文汇报》2021 年 4 月 1 日

顾钧《英文〈中国社会及政治学报〉的价值》，《中华读书报》2021 年 5 月 12 日

顾钧《为葛兰言辩护》，《读书》2021 年第 7 期

顾维钧《顾维钧回忆录》，中华书局 1993 年版

国立北平图书馆《国立北平图书馆概况》，国立北平图书馆 1934 年版

国立北平图书馆《国立北平图书馆职员录》，国立北平图书馆 1937 年版

何炳棣《读史阅世六十年》，广西师范大学出版社 2009 年版

何廉《何廉回忆录》，中国文史出版社 1988 年版

蒋廷黻《蒋廷黻回忆录》，岳麓书社 2003 年版

蒋廷黻《近代中国外交史资料辑要》，上海商务印书馆 1931 年版

金问泗《从巴黎和会到国联》，传记文学出版社 1967 年版

李安宅《藏族宗教史之实地研究》，商务印书馆 2015 年版

李乐《北京辅仁大学与中西交流的早期实践——〈辅仁英文学志〉研究》，《国际汉学》2020 年第 1 期

李珊《北京政府时期学人的修约外交理念研究——以英文中外关系著作为中心》，载《中国社会科学院近代史研究所青年学术论坛 2012 年卷》，社科文献出版社 2013 年版

李珊《九一八事变后中国知识界对日本战争宣传的反击——以英文撰述为中心》，《抗日战争研究》2012 年第 4 期

林耀华《在大学与田野间》，北京大学出版社 2011 年版

刘大钧《上海工业化研究》，商务印书馆 2015 年版

刘兰珍《罗文达的近代中国新闻事业研究》，《新闻与传播评论》2012 年第 12 期

刘梦溪主编《中国现代学术经典：洪业杨联陞卷》，河北教育出版社 1996 年版

刘双如《宓亨利的中国学研究》，华东师范大学 2020 年硕士学位论文

马士《中华帝国对外关系史》，上海书店出版社 2006 年版

聂志军《唐代景教文献研究》，中国社会科学出版社 2016 年版

彭发胜《向西方诠释中国：〈天下月刊〉研究》，清华大学出版社 2016 年版

桑兵《国学与汉学》，中国人民大学出版社 2010 年版

孙邦华《会友贝勒府——辅仁大学》，河北教育出版社 2004 年版

王国强《〈中国评论〉（1872—1901）与西方汉学》，上海书店出版社 2010 年版

王铁崖编《中外旧约章汇编》，上海财经大学出版社 2019 年版

王伟《中国近代留洋法学博士考》，上海人民出版社 2011 年版

王文俊等《南开大学校史资料选（1919—1949）》，南开大学出版社 1989 年版

王彦威纂辑《清季外交史料》，国家图书馆出版社 2015 年版

王毅《皇家亚洲文会北中国支会研究》，上海书店出版社 2005 年版

汪楫宝《民国司法志》，商务印书馆 2015 年版

翁绍军《汉语景教文典诠释》，生活·读书·新知三联书店 1996 年版

吴义雄《在华英文报刊与近代早期的中西关系》，社会科学文献出版社 2012 年版

萧公权《问学谏往录》，黄山书社 2008 年版

萧公权《中国政治思想史》，商务印书馆 2011 年版

徐宗泽《中国天主教传教史概论》，上海土山湾印书馆 1938 年版

燕京研究院编《燕京大学人物志》第一辑，北京大学出版社 2001 年版

阎明《中国社会学史：一门学科与一个时代》，清华大学出版社 2010

年版

易仲芳《南开经济研究所"经济学中国化"研究（1927—1949年）》，华中师范大学出版社2015年版

张会超《民国时期明清档案整理研究》，上海世界图书出版公司2011年版

张静《中国知识界与第三届太平洋国交讨论会》，《近代史研究》2004年第1期

张连义《民国时期留美生的孙中山研究——以崔书琴博士论文为中心的考察》，《民国研究》2016年第2期

张庆军《民国时期人口思想初探》，《中国人口科学》1993年第1期

张星烺《中西交通史料汇编》，中华书局2003年版

张亚光、李雨纱《燕京大学经济系及其人物思想贡献》，《经济科学》2013年第3期

赵定东等编著《民国时期部分社会学家记事辑》，中国社会科学出版社2014年版

周传南《社会学家——赵承信》，《中国人民大学学报》1991年第1期

周心心、陈巍《修身不言命，谋道不择时——记中国近现代心理学家刘廷芳》，《心理技术与应用》2014年第12期

朱谦之《中国景教》，商务印书馆2014年版

Fairbank, John K., *Chinabound: A Fifty-year Memoir*, New York: Harper and Row, 1982

Library of Congress, *Classification Outline Scheme of Classes*, Washington:

Government Printing Office, 1922

Moule, A. C., *The Christian Monument at Si An Fu*, Shanghai: North-China Branch of the Royal Asiatic Society, 1935

Pollak, Michael ed., *The Sino-Judaic Bibliographies of Rudolf Löewenthal*, Cincinnati: Hebrew Union College Press, 1988

Reinsch, Paul S., *An American Diplomat in China*, Doubleday & Page, 1922

Thomas, John N., *The Institute of Pacific Relations: Asian Scholars and American Politics*, University of Washington Press, 1974

Van Dorn, H. A. *Twenty Years of the Chinese Republic: Two Decades of Progress*, New York: A. A. Knopf, 1932

Wylie, Alexander, *Chinese Researches*, Shanghai: American Presbyterian Mission Press, 1897

# 后 记

本书是北京市社会科学基金项目（编号：15JDLSB005）最终成果。首先感谢北京市社科规划办对这一项目的支持，同时感谢结项过程中北京外国语大学科研处马轶伦老师的大力协助。本书的部分章节曾以单篇论文的形式刊登在《读书》《新文学史料》《历史档案》《中华读书报》《文汇报》，谨向这些报刊致以衷心的感谢。

当初申请立项是比较轻松的，因为基本上是一个全新的课题，但真正做起来却并不轻松。近代北京的英文刊物不仅内容丰富，而且学科众多，如《中国社会及政治学报》就有24卷之多，涉及社会学、政治学、图书馆学、哲学、史学等，对于笔者的知识储备和学术视野提出了重大的挑战。毫无疑问，这些英文刊物是一个宝藏，本书只是做了一些初步的梳理和探讨，深入的研究期待更多学者和专家的参与，从中国学术史、中国出版史、西方汉学史等多个角度切入，一定会产生更多更有价值的成果。也正是基于这一考虑，本书在每一章的最后详细列出了刊物的篇目，为学界今后的研究提供方便。

本书第一、二、四章以及导言、结语由顾钧撰写，第三章由雷强撰写，顾钧负责统稿。

感谢学苑出版社杨雷编辑的多方关照和细致认真的编辑工作。本书的不足之处敬请专家和读者指正。

顾 钧

2021 年 8 月 22 日